이젠 2000년생이다

GENERATION

Z세대와 세련되게 일하고 소통하는 법

이젠 2000년생이다

DAVID STONE
데 이 비 드 스 톤

추천사

Z세대에게 영향을 미친 사건, 요인, 양육 방식 등을 꼼꼼히 분석한 작가의 통찰력에 읽는 내내 감탄할 수밖에 없었다. '불의는 참아도 불공정은 참지 못하는' Z세대와 더불어 행복한 일터를 꿈꾸는 리더와 선배, 특히 인사, 교육, 조직개발 담당자에게 이 책을 강력히 추천한다.

국가철도공단 인재개발처 강정범 부장

왜 Z세대가 MZ세대라는 하나의 이름에 구속될 수 없는지 그 답을 찾을 수 있는 책이다. 책장을 넘기다 보면 Z세대가 어떤 시대를 거쳐 지금의 특징을 갖게 되었는지 자연스레 이해할 수 있을 것이다. Z세대와 함께 일할 때 고민이 많은 사람에게 이 책을 꼭 추천하고 싶다.

포스코인재창조원 HRD기획그룹 곽윤정 과장

한 세대를 이해하기 위해서는 그 세대가 경험한 것들에 대해 이해하는 것은 기본이다. 그러나 그들을 온전히 이해하기 위해서는 그들의 사고와 가치관에 막대한 영향을 준 부모 세대도 같이 고려되어야 함을 우리가 간과하고 있다. 이 책은 우리가 놓칠 수 있는 부분을 입체적으로 분석하여 Z세대를 제대로 이해할 수 있도록 해주는 명쾌한 지침서이다.

풀무원 인재육성팀 고민화 팀장

마흔이 되고 보니 불혹(不惑)은 불혹인데, 좀 못된 불혹이다. 고집은 늘고 쓸데없이 자존심만 높다. 상사에게 부리는 뱃심은 그나마 은밀한데, Z세대 후배 앞에서는 대놓고 유아독존이다. 하지만 언젠가는 질 게임이다. 후배들의 실력은 일취월장하고, 집에는 Z세대조차 울고 갈 무서운 알파 세대가 꿈을 먹고 자라고 있다. 일터에서도, 가정에서도, 관계의 정글에서 무사히 살아남으려면 이 책을 읽자. 차세대 리더로서 베스트 팀을 완성하고 싶은 모든 밀레니얼 세대에게 허두영 작가의 〈이젠 2000년생이다〉를 적극 추천한다.

예금보험공사 금융산업분석2부 권영성 차장

그동안 수많은 책과 아티클 등에서 Z세대를 MZ세대로 묶어 이야기했지만, 이 책을 통해 엄연히 다른 환경과 가치관 속에서 성장한 다른 세대라는 걸 확실히 알게 되었다. M세대가 조직의 Majority로 자리 잡은 이후 다소 늦게 M세대의 다른 소통 방식과 가치관을 이해하게 되어 준비의 아쉬움이 있었다. 이 책은 미래 Majority가 될 Z세대에 대해 미리 이해하고 준비할 수 있게 도와주는 리더들의 조직문화 지침서이다.

SK하이닉스 R&D기업문화팀 김광록 팀장

밀레니얼로서 MZ세대에 속해있음에 안주하였던 우리에게 신선한 충격과 반성을 주는 책이다. 앞으로 조직의 젊은 리더나 중간 관리자가 될 밀레니얼에게 Z세대를 받아들일 준비가 되었는지 물어보며, 이 책을 지침서로 추천하고 싶다.

카카오뱅크 전월세대출지원팀 김진언 담당

밀레니얼 세대도 회사에서 Z세대를 이해하고 함께 일하는 데 어려움을 느낄 때가 많다. "도대체 요즘 애들은 왜 이래?"라는 말을 나도 모르게 뱉고 있다면, Z세대들의 경험과 공감, 삶의 가치관을 알 수 있는 이 책을 통해 그들과의 공존 법칙을 깨우쳐 보자.

한국암웨이 교육부 김희원 차장

이제 막 중년이 된 밀레니얼의 시작점에 있는 선배 직장인, 그리고 예비 리더로서 현재 함께하고 있는 밀레니얼 세대뿐 아니라 앞으로 함께 해야 할 Z세대에 대한 이해를 깊이 있게 할 수 있도록 해준 책이다. Z세대의 이야기를 이론적 배경으로만 설명하는 것이 아니라 그들이 자라면서 경험한 정치, 경제, 사회, 문화적 이슈를 기반으로 구체적인 예시와 함께 설명한다. Z세대에 대해 쉽고 정확하게 이해할 수 있도록 도와주는 책으로 강력 추천한다.

두산밥캣 GHR팀 류은영 차장

Z세대 아들과 후배들을 둔 X세대 엄마이자 리더로서 이 책을 읽었다. 다른 세대를 제대로 이해하고 함께 할 수 있는 실사구시의 방안을 작가 특유의 정확하고 명쾌한 필체로 풀어낸 이 책의 일독을 추천한다.

엑스퍼트컨설팅 박선경 사장

이제 간신히 밀레니얼 세대를 알아간다고 생각했는데, 이 책은 어느새 Z세대와 함께해야 한다는 두려움과 기대감을 느끼게 해줬다. Z세대를 알아가는 명확한 방향을 제시한 저자의 탁월한 해법과 신선함에 감탄했다. 조직 내 세대 간 소통의 어려움을 느끼는 팀장급 이상의 책임자라면 반드시 읽어봐야 할 필독서라고 자부한다.

NH농협은행 삼양동지점 방지한 팀장

'밀레니얼'로 구분되는 일선의 80년대생들과 대화를 나눠보면, 이미 공직 입사를 시작한 Z세대와의 협업에 큰 어려움을 느낀다는 사실을 알 수 있다. 본의 아니게 'MZ'로 90년대생, Z세대와 묶여 '세대 연구'의 대상이자 주체로 일해 온 80년대생들에게 이 책은 한 줄기 빛과 같다. 'Z세대와 함께 일하는 법'이라니!

이 책을 읽고, 현장에서 적용하며, 동료들과 소통해보자. 나도 모르게 후배들 사이에서 '셀럽', '핵인싸'가 되어있을 것이다.

국세공무원교육원 송호근 교수

다양한 국적과 경력, 언어, 세대가 한데 어우러진 글로벌 기업에서 성과를 내는 데 가장 중요하게 강조하는 가치는 바로 '다름'을 인정하는 것이다. Z세대는 우리의 동료이자 고객이다. 제대로 알고 공부해야 한다. 이는 생존의 문제다. 허두영 작가의 글에는 사이다 같은 시원함과 강력한 힘이 있다. 경험과 예리한 분석을 기반으로 하며, 무엇보다 문제를 함께 고민하며 풀어가고자 하는 진정성이 느껴지기 때문이다. 그의 모든 책에는 지혜와 통찰을 담은 How To가 분명히 제시되어 있다. 그의 글을 먼저 찾고 몰입할 수밖에 없는 이유다.

아마존웹서비스코리아 양나래 매니저

코로나, 인플레 시기에 심적으로 힘들어하는 젊은이들이 특히 급증했다. 상담 현장에서 기존 이론에 의한 접근만으로는 온전히 이해하기 부족했던 밀레니얼과 Z세대만의 모습을 깊게 이해하고 싶은 분들에게 추천한다. 조직 내에서도 후배들은 우리와 분명 다르다. 이 책을 통해 세대 간 소통 및 공존할 방안을 찾게 될 것이다.

원광대학교병원 정신건강의학과 양찬모 교수

세대 간 상생이 현장의 화두다. 가까운 미래에 닥칠 세대 이슈를 준비해야 하는 기업과 관리자라면 이 책을 통해 세대 화합의 통찰을 얻을 수 있을 것이다!

메타비경영연구원 마케팅팀 윤민수 이사

아는 만큼 보인다고 했다. 점점 늘어나는 Z세대와 함께 일하기 위해서는 Z세대를 아는 것이 중요하다. Z세대를 더 깊이 이해하고 싶고 함께 일하는 법을 진지하게 고민하고 있다면 이 책을 추천한다. Z세대에 대한 한층 더 깊은 이해를 돕는 최고의 파트너를 만나는 경험을 할 것이다.

SK C&C 역량개발담당 이수용 매니저

다양한 세대가 공존하는 조직에서 서로 이해하고 같이 일하기 위해, 나아가 시너지를 내기 위해 특히 Z세대는 어떻게 다른지, 그리고 왜 다른지 알아가는 것은 유연하고 창의적인 조직 문화를 위한 첫 걸음이다. 이런 첫 걸음을 떼려는 분들에게 이 책을 강력 추천한다.

LX판토스 인재육성팀 이충완 책임

이 책은 Z세대의 특징 및 그들이 지닌 DNA를 충분히 이해할 수 있는 기회였다. 일상과 조직에서 그들과 마주한다면 '난 이렇게 해야겠다'라는 길잡이가 되었다. 후배 세대를 멋지게 리딩하고 싶다면 이 책에서 그 해답을 찾아보시길 적극 권한다.

SPC 정보운영팀 장윤정 대리

작가 특유의 꼼꼼한 자료 수집과 단단한 필력으로 Z세대의 모든 것을 정리한 필독서! 그간의 연구와 강의 경험이 응축된 이 책을 읽다 보면 어느새 Z세대에게 친숙함을 느끼는 자신을 발견하게 될 것이다. Z세대를 이해하는 데 어려움을 겪는 X세대에게 길잡이가 될 것이다.

서울특별시인재개발원 리더십교육팀 정승재 주무관

면밀한 분석을 바탕으로 선배 세대가 Z세대에게 다가갈 수 있는 지름길을 알려주는 책이다.

공인회계사 전성우

한국은 관계주의 문화다. 그래서 유난히 '우리'라는 표현을 많이 사용한다. 그 '우리' 속에 Z세대가 들어왔다. Z세대와 소통하며 함께 일하는 데 어려움과 불편함을 느끼는 우리에게 그 이유와 해결 방안을 쉽고 생생하게 알려주는 책이다.

세라젬 교육지원팀 조진국 팀장

Z세대인 딸과 아들을 매일 한 지붕 아래에서 마주하고 있다. 어느새 일터에서 함께 일하고 있는 Z세대 후배들을 마주하고 있다. X세대인 내가 어떻게 해야 그들과 진심을 나누고, 함께 마음을 모을 수 있는 진정한 소통과 화합을 이루어 갈 수 있을지 고민이다. 이 책은 그 해답을 주는 탁월한 지침서다. Z세대의 신뢰를 얻고 Z세대의 마음을 움직이고 싶은 분들에게 강력 추천한다.

삼성반도체 글로벌 제조&인프라총괄 최광희 부장

조직 생활에서 가장 어렵다고 느끼는 세대 공감 및 소통에 대해 작가는 너무나도 명쾌하게 그 해법을 제시하고 있다. Z세대를 넘어 그 어떤 세대와도 함께 일하고 소통하는 방법, 이 책 한 권이면 충분하다고 본다.

K-water 아라뱃길지사 허문행 부장

Prologue

2000년생 Z세대가 몰려오고 있다

베이비붐 세대가 조직 일선에서 썰물처럼 빠져나가며 그 빈자리를 Z세대가 밀물처럼 채워가고 있다. 그동안 조직, 개인 할 것 없이 선배 세대는 별종처럼 느껴지는 밀레니얼 세대에 적응하느라 어려움이 적지 않았다. 하지만 밀레니얼 세대에 채 익숙해질 겨를도 없이 Z세대가 밀려오고 있다. 가상 세계인 메타버스를 지배해가고 있는 그들은 밀레니얼 세대와는 궤를 달리하는 유전자를 지닌 '메타버스 네이티브'다. 밀레니얼 세대에게 화들짝 놀랐던 선배 세대에게 Z세대는 시쳇말로 멘붕일 것이다. 밀레니얼 세대와 비슷한 세대쯤으로 인식하는 선배 세대에게는 더 그렇다.

Z세대를 밀레니얼 세대와 싸잡아 'MZ세대'라고 부른다. 비슷한 세대로 두루뭉술하게 이해하는 분위기다. 하지만 오해다. Z세대는 밀레니얼 세대와 엄연히 다르기 때문이다. 저자는 밀레니얼 세대의 특징과 소통법을 다룬 책 《요즘 것들》을 2018년 2월에 출간했었다. 벌써 수년이 흘렀다. 당시만 하더라도 밀레니얼 세대라는 키워드를 구글에서 검색하면, 유익한 정보를 찾기 쉽지 않았고 용어 자체가 익숙하지 않던 시절이었다. 얼마 지나지 않아 밀레니얼 세대에 대한 관심이 폭발적으로 증가하면서 세대 관련 책들이 봇물 터지듯 쏟아지기 시작했다.

최근 세대 논의에서 변화가 감지된다. 그동안 밀레니얼 세대에 쏠렸던 시선이 빠르게 Z세대로 옮겨가고 있기 때문이다. 지인들과 세대를 주제로 대화하다 보면 농담 반 진담 반으로 이런 이야기를 하곤 한다. "Z세대를 보지 않고 직장 생활을 그만둔 게 행운이다."라고 말이다. 그렇다. Z세대는 밀레니얼 세대와는 사뭇 다른 특성을 지닌 세대다. Z세대에게 밀레니얼 세대는 X세대에게 베이비붐 세대와 같은 격이다. 분명 다른 세대다. 밀레니얼 세대와 Z세대를 뭉뚱그려 MZ세대로 부르는 것은 그야말로 난센스다.

보통 한 세대를 10~15년 정도로 구분한다. MZ세대를 묶으면 1980년에서 2010년까지 30년을 한 세대로 보는 셈이다. "석 달이면 세대 차이를 느낀다."라는 마당에 신입 사원부터 임원까지 한꺼번에 묶는 꼴이다. 젊은 기업의 경우 밀레니얼 세대 임원도 있으니 말이다. 마케팅 대상자, 학습자, 투표자 등 고객을 과도하게 넓히는 두루뭉술한 고객 세그먼트Customer Segment는 정교하고 유의미한 분석과 처방을 어렵게 만든다. 이에 더해 당사자인 Z세대도 MZ세대로 불리는 게 불편하다.[1] 저자 또한 특성이 다른 두 세대를 묶어 부른 것에 동의하지 않는다. 이 책을 쓴 이유이기도 하다.

혹자는 세대를 인위적으로 구분하는 것에 부정적이다. 각종 미디어에서의 지나친 세대 논의를 경계하기도 한다. 오히려 세대 갈등을 조장한다는 이유에서 말이다. 일리 있다고 본다. 하지만 세대 논의 자체를 하지 않는 것 또한 바람직하지 않다. 세대를 구분해 논의하는 것은 세대 간 다름을 이해하고 인정하자는 측면에서 긍정적인 점이 많기 때문이다. 세대 논의가 없다면 세대 간 이해와 화합을 위한 기회의 창마저 닫는 꼴이다. 우리가 MBTI나 에니어그램 등 진단 도구를 활용해 서로를 이해하려고 노력하듯, 세대도 잘 구분해서 유형화하면 얻을 수 있는 유익이 많다. 상호 이해와 소통의 실마리를 찾고 화합의 가능성을 높이는 데 도움이 되기 때문이다.

여러 조직을 상대로 강연과 컨설팅을 하면서 느끼는 건, 세대 차이와 갈등이 생각보다 심각하다는 점이다. 정도만 다를 뿐 예외가 없었다. 하나같이 세대 차이와 갈등으로 골머리를 앓고 있다. 왜일까? 한국적인 특수성도 크게 작용했을 것으로 보인다. 우리나라처럼 세대마다 경험이 드라마틱하게 다른 나라가 없으니 말이다. 독일의 미술사학자 핀터가 말한 '동시대의 비동시성'이라는 용어는 우리나라에 딱 들어맞는 표현이다. 그의 말대로 우리나라 국민은 같은 시대를 살고 있지만, 세대 간 경험과 생각이 사뭇 다르다. 세대 차이를 이해하는 건 세대 화합의 가능성을 높이는 의미 있는 활동이다. 세대 화합을 위한 논의는 퇴색되지 않아야 한다. 오히려 더 깊어지고 다채로워져야 한다.

이 책은 학문적인 정교함으로 세대 차이를 설명하지는 않는다. 그건 학계에서 해야 할 역할이라고 본다. 저자는 학계와 현장의 중간 어디쯤에서 더 실용적인 대안을 찾는 매개자 역할을 하고자 한다. 학계는 이론적이고 이상적이지만 기업과 현장은 지극히 현실적이고 치열하다. 이 책은 이론과 현실의 괴리를 좁히면서 실사구시의 방안을 찾고자 힘썼다. 아무쪼록 세대 차이와 갈등이 발생하는 현장에서 해결책을 찾느라 골몰하는 사람들에게 길잡이는 물론 공감과 해법이 되는 책이 된다면 더 이상 바랄 게 없을 것이다.

이 책은 크게 다섯 개의 장으로 구성했다. 1장에서는 왜 지금 Z세대인지, 그들을 주목해야 하는 이유를 알아본다. 2장에서는 Z세대를 맥락적으로 이해하기 위해 그들에게 영향을 미친 사건과 요인들을 살펴본다. 3장에서는 Z세대가 선배 세대와 무엇이 다른지 그들의 6가지 DNA를 짚어 본다. 4장에서는 선배 세대가 Z세대와 공존하기 위해 어떻게 하면 좋을지 함께 일하는 법을 제시한다. 이어서 5장에서는 Z세대와 소통하는 현실적인 방법을 다룬다. 주변에서 접할 수 있는 사례와 함께 Z세대와 공존하는 데 필요한 노하우를 전하고자 노력했다. 이 책을 읽는 당신이 세대 간 다름을 이해하고 인정하는 마음의 문이 열리는 계기가 되었으면 한다.

이 책이 나오기까지 고마운 분들의 지원이 있었다. 누구보다 아내에게 감사한 마음을 전한다. 저자가 쓴 글에는 그녀의 손길이 닿지 않은 곳이 없다. 책이 나올 때마다 최고의 마케터가 되어 주신 가나안교회 김승광 목사님께 심심한 감사의 마음을 전하고 싶다. 사랑하는 두 딸은 이 책을 쓰는 가장 강력한 이유다. 육신의 부모이신 양가 부모님께 감사드린다. 누구보다 영적 아버지이신 하나님께 이 책을 바친다.

허두영

목차

4장 Z세대와 일하는 법

5장 Z세대와 소통하는 법

1장

왜 Z세대인가?

Generation Z

왜 Z세대인가?

밀레니얼 세대의 끝자락을 붙들고 더 센 놈들이 몰려오고 있다. 많은 조직에서 밀레니얼 세대에 미처 적응하기도 전에 또 다른 세대가 밀물처럼 쳐들어오고 있다. 바로 Z세대다. 그들은 밀레니얼 세대와 비슷한 듯하지만, 전혀 다른 특성을 지닌 세대다. 각종 미디어에서는 'MZ세대'로 부르며 Z세대를 밀레니얼 세대와 비슷한 세대쯤으로 규정하는 듯하다. 하지만 오해다. X세대를 베이비붐 세대와 뭉뚱그려 BX세대쯤으로 부르는 것이나 매한가지다. X세대에게 베이비붐 세대는 선배 세대다. Z세대에게 밀레니얼 세대도 마찬가지다. 신세대로 주목받던 80년대 초반의 밀레니얼 세대는 이미 40대 중년이다. 물론 그들은 스스로 중년이라는 걸 인정하지는 않을지도 모르지만 말이다.[2] 현재 10대가 다수인 Z세대에게 80년대생은 까마득한 어른이다. Z세대는 밀레니얼 세대와 엄연히 다른 세대다.

밀레니얼 세대가 세간에 화두가 된 것은 불과 몇 년 되지도 않았다. 저자가 밀레니얼 세대를 다룬 책 《요즘 것들》을 출간했을 2018년 무렵만 하더라도 밀레니얼 세대라는 용어도 익숙하지 않았다. 그래서 원고를 쓸 때 애를 먹었던 것으로 기억한다. 2019년쯤 되었을 때 밀레니얼 세대라는 단어를 언급하는 횟수가 부쩍 늘기 시작했다. 그러다 언론과 기업을 필두로 너나 할 것 없이 밀레니얼 세대를 연호하면서 차츰 우리 사회에서 화제의 중심에 서기에 이르렀다. 지금도 세대 이슈가 넘쳐나지만 변화한 게 있다. 밀레니얼 세대가 쥐고 있던 바통을 Z세대가 이어받고 있다.

밀레니얼 세대 못지않게 Z세대가 주목받는 이유는 무엇일까?

첫째, Z세대가 새로운 트렌드 세터Trend Setter가 되고 있다. 세계적으로 위상이 높아지는 한류 문화의 진원지에는 예외 없이 Z세대 팬덤이 있다. 방탄소년단, 블랙핑크, NCT, 엑소, 에스파 등은 이미 대한민국을 넘어 세계의 팬을 거느리고 있다. 또 Z세대가 주목받게 된 배경으로 2020년 2월 국내에까지 퍼지기 시작한 바이러스 팬데믹COVID-19을 빼놓을 수 없다. 바이러스 팬데믹 전에는 학교, 학원 할 것 없이 대부분의 활동이 오프라인 공간을 중심으로 이뤄졌다. 하지만 예상치 못한 블랙 스완인 바이러스로 인해 그들은 가상 공간으로 강제로 내몰린 것이다. 대면으로 접촉하는 것Contact보다는 비대면으로 연결되는 것Connect에 익숙한 Z세대는 선배 세대보다 수월하게 적응했다. 스마트 기기로 연결된 가상 공간은 그들에게 그리 낯설지 않았다. 자연스럽게 그들은 현실을 초월한 가상 세계인 메타버스를 새로운 놀이터로 만들었다. Z세대는 그곳에서 자신만의 공간과 부캐(부 캐릭터)를 만들어 내면서 새로운 자아를 브랜딩하고 있다. 메타버스 네이티브다운 행보다.

둘째, Z세대가 조직에 합류하기 시작했다. Z세대 중 2000년생의 경우 고졸 신입 사원으로 이미 조직에 합류했다. 조직과 선배 구성원들은 밀레니얼 세대와는 또 다른 DNA의 Z세대를 새로 맞이하고 있다. 밀레니얼 세대와 비슷한 세대 격으로 인식하고 Z세대를 대하면서 많은 조직에서 불협화음을 겪고 있다. 후배 세대를 이해하자는 분위기가 갈수록 성숙해 가지만, 선배 세대는 정작 Z세대를 맞닥뜨리고 당황하는 기색이 역력하다. 많은 조직과 선배 세대들이 Z세대와 함께하는 방법에 대한 실마리나 변변한 해결책을 찾지 못하고 있는 모양새다.

셋째, Z세대가 사회의 일원, 고객으로서도 급부상하고 있다. X세대 자녀로 태어난 Z세대는 밀레니얼 세대와 달리 가정에서 이뤄지는 소비에 큰 입김을 발휘하고 있다. 기업들은 밀레니얼 세대를 재빠르게 대응하지 못한 전철을 밟지 않기 위해 Z세대 고객

잡기에 혈안이다. 그뿐인가? 각 정당은 꼰대 정당의 이미지를 탈피하기 위해 젊은 세대와 공존을 표방하는 별도 조직을 만들거나 젊은 인재를 영입하는 등 유권자 마음 잡기에 안간힘이다. 이미 Z세대는 사회 전반에 걸쳐 소비자일 뿐 아니라 영향력 있는 사회의 주체로 주목받고 있다.

밀레니얼 세대의 뒤를 이어 조명을 받는 Z세대를 이해하지 못한다는 것은 과거에 갇혀 시대의 트렌드를 읽지 못하고 있다는 의미이기도 하다. 당신은 주변에 가까이 지내고 있는 Z세대가 있는가? 그들을 어떻게 바라보고 있는가? 마냥 어리게만 본다면 생각을 바꿔야 한다. 당신이 가는 맛집, 핫플레이스, 핫템은 Z세대가 이미 경험을 통해 검증한 것을 뒤늦게 소비하는 경우가 비일비재하다. 성수동, 송리단길, 연남동 등 Z세대가 가는 곳은 힙 Hip, 멋진 플레이스가 되고, 그들이 소비하는 것은 트렌드가 된다. 지금 Z세대는 각 분야에서 빠른 속도로 새로운 대세로 자리매김해 가고 있다.

당신은 무슨 세대인가?

저자는 감나무에 달린 홍시를 구분하지 못한다. 어릴 적 고향 뒷마당에는 큰 떨감나무가 있었다. 홍시를 딸 때면 늘 동생이나 부모님께 물어봐야만 했다. 초록 불이 들어온 엘리베이터 버튼도, 장대비에 가려 깜빡이는 희미한 신호등이 초록 불인지 빨간 불인지도 구별하지 못할 때가 있다. 안타까운 건 형형색색의 아름다운 가을 단풍을 제대로 본 적이 없다. 그래도 교통사고 현장의 아스팔트 위에 고인 피가 까만색으로 보인다. 끔찍한 상황을 덜 느끼니 다행이다.

저자는 적록색약자다. 살면서 크게 불편함을 느끼는 것은 아니지만, 핸디캡이 될 때가 종종 있었다. 고등학교 때는 선택의 여지 없이 문과를 택해야 했고, 공군 신병 교육대에 들어갔다가 적록색약자라는 이유로 일주일 만에 귀향 조치된 적도 있다. 이렇게 특정 색깔을 구분하지 못하는 게 색약이듯이, 특정 세대를 이해하지 못한다는 것도 일종의 색약이다. 세대에 대한 이해가 부족하면 원활한 소통을 하거나 제대로 된 리더십을 발휘하는 데 어려움을 겪을 수밖에 없다.

다른 세대를 이해하고 포용하기 위해서는 우선 세대를 구분하는 기본 지식이 필요하다. 각종 유형 진단 도구를 통해 서로의 유형을 알면 소통 시 유익하듯, 세대 구분을 의미 있게 잘 활용하면 세대에 대한 이해를 높이는 데 유용하다. 나아가 서로 다른 세대의 특성을 이해한다면, 저자처럼 적록색약자가 색약 보안경을 쓰는 격이 될 것이다. 총천연색의 알록달록한 세상을 더 실감나게 보게 되는 것이다.

세대 구분					
선배 세대			후배 세대		
전통 세대 Traditional Generation	베이비붐 세대 Baby Boomers	X세대 Generation X	밀레니얼 세대 Millennials	Z세대 Generation Z	알파 세대 Alpha Generation
1940~1954년	1955~1964년	1965~1979년	1980~1999년	2000~2010년	2011년 이후

지금 당신과 함께하는 사람은 무슨 세대인가? 각 세대를 표와 같이 나눴다. 선배 세대는 전통 세대, 베이비붐 세대, X세대를 말

한다. X세대의 특성은 베이비붐 세대보다는 밀레니얼 세대에 가까운 점이 많지만, 연령이나 역할로 보면 선배 세대로 분류하는 편이 낫다. 후배 세대는 밀레니얼 세대부터 '유튜브 세대'라고 일컬어지는 Z세대 그리고 알파 세대까지 통칭한다.

잠깐, 생소하게 느껴질 수 있는 알파 세대Alpha Generation에 대해서 짚어 보자. 영국 패션 트렌드 정보업체 WGSNWorth Global Style Network의 2016년 리포트에 따르면, 알파 세대는 2010년 전후에서 2024년 사이 출생한 인구층으로 주요 소비 인구로 발돋움할 준비를 하고 있다. 전 세계적으로 매년 2천 5백만 명이 꾸준히 증가하고 있다. 2025년까지 이들의 인구는 약 20억 명에 이를 것으로 예측한다. 대부분의 알파 세대는 대소변을 가리기도 전에 태블릿을 사용하고, 영아 중 30% 이상은 기저귀를 떼기도 전에 휴대 기기를 가지고 논다고 분석한다. 이들은 첫 초음파 검사부터 사실상 거의 모든 것이 스마트폰 앱으로 연결된 세상에서 태어나 살아가고 있다.[3]

인구학적 관점으로 세대를 보라

선후배 세대는 서로 다른 환경, 조건, 경험을 기준으로 생각하고 판단한다. 따라서 '내 경험으론 이게 맞아.'라고 생각하는 함정에 빠지지 않기 위해 유의해야 한다. 지금처럼 불확실성이 큰 시대에는 더더욱 그렇다. 다만 미래를 예측하기 어렵고 급변하는 시대에 살지만, 예측할 수 있는 것이 있다. 바로 '인구'다. 사람이 태어나고 이동하고 죽는 것은 통계를 활용해 제법 높은 확률로 미래를 예측할 수 있다. 인구는 잘 변화하지 않기 때문이다. 세대의 크기는 인구의 크기며, 세대의 특징은 인구의 특징이기도 하다. 그렇기 때문에 세대별 인구의 특징을 아는 것은 미래의 변화를 예측하고 대응할 수 있는 실마리가 될 수 있다.

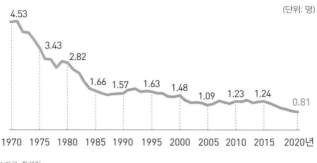

합계 출산율 추이

(단위: 명)

4.53
3.43
2.82
1.66 1.57 1.63 1.48
1.09 1.23 1.24
0.81

1970 1975 1980 1985 1990 1995 2000 2005 2010 2015 2020년

* 자료: 통계청

　　우리나라 인구의 특징으로 '저출산'과 '고령화'를 꼽을 수 있다. 가임 기간(15~49세) 여성 1명이 낳을 것으로 기대되는 평균 출생아 수를 의미하는 합계 출산율이 우리나라는 3년 이상 1.3명 이하로 떨어져 초저출산 국가다. 2022년 발표한 출산율은 0.81명으로 매년 역대 최저치를 계속 갈아치우고 있다. 1960년에 출산율이 6명이었으니, 60년 만에 적어도 7분의 1토막이 났다. 현재 인구를 유지하려면 2.1명은 돼야 한다.[4] 선진국이 1.6명 정도이고, 위기를 알리는 기준이 1.3명인 점을 고려하면 심각한 수치다. 안타깝게도 이 추세는 한동안 이어질 것으로 보인다. 2025년이면 우리나라 인구가 정점을 찍고 감소할 것으로 예상한다.

　　한편, 2017년에 노인 비중이 14% 이상인 '고령 사회'에 진입했다. 세계적으로 유례없는 속도다. 1인 가구 비중은 2021년 34%로 2050년에는 39.6%에 이를 것이라고 예상한다. 가구당 평균 가구원 수는 2020년에 2.37명으로 2040년에는 1.97명이 될 것으로 추산한다. 이 밖에도 '도시 집중', '비혼 증가'도 우리가 겪고 있는 인구학적 관점에서 중요한 현상이다.

인구학적 관점의 다양한 이슈로 조직은 역사상 유례없는 변화를 맞이하고 있다. 신입의 인구 규모와 특성이 변화하고 공채가 줄고, 프리랜서가 증가하고 있다. 인구 감소로 청년 실업은 2030년경에는 끝날 것이라는 예측도 있다. 우리나라는 다양한 세대가 무지개떡처럼 여러 색깔로 켜켜이 층을 이루고 공존하고 있다. 그런 다양한 세대를 제대로 이해하려면 인구학적 관점을 갖는 것이 필수적이다. 인구는 불확실한 미래를 가장 확실하게 예측할 수 있는 중요한 단서가 되기 때문이다.

왜 세대를 구분할까?

세대에 관한 담론이 증가할수록 세대를 바라보는 시선 또한 다채로워진다. 가장 흔한 의견의 하나가 세대 구분 무용론이다. 이를테면 '다 같은 사람인데 세대를 구분하는 게 무슨 의미냐?' 하는 것이다. 세대를 나누는 것은 세대 차이와 갈등을 오히려 부추길 수 있고 괜한 오해를 불러일으킬 수 있다는 시각이다. 일면 공감이 된다. 세대를 나누는 기준도 명확지 않고 세대별 특성을 정의하는 것도 제한적인 측면이 있기 때문이다. 하지만 가정이나 사회, 조직에서 벌어지고 있는 세대 차이와 갈등은 어떻게 설명할 것인가? 또 어떻게 해결해야 할까? 세대 차이와 갈등은 피할 수 없는 엄연한 현실인데 말이다.

"요즘 애들은 시대를 잘 만나서 참 편하게 살아."라고 하는 선배 세대가 종종 있다. 이는 편협한 발상이다. Z세대의 학업 환경은 과거보다 열악해졌다. 초록우산어린이재단이 발표한 '2022 아동 행복 지수'에 따르면, 과거와 비교해 현재 고등학생의 일상 속 균형은 더 나빠진 것으로 조사됐다.[5] 어느 세대든 나름의 고충이 있다. 후배 세대는 선배 세대가 생각하는 것보다 고민이 많다. 그리고 선배 세대보다 훨씬 심화한 불확실성의 시대를 살고 있다. 후배 세대는 한 번의 시험으로 평가받던 선배와 달리 강도 높은 토너먼트 경쟁을 겪었고 학창 시절부터 철저하게 능력주의를 체득했다. Z세대가 '공정 세대'로 일컬어질 정도로 공정에 예민한 것은 그만큼 선배 세대와는 세대 경험이 많이 다르기 때문이다.

프롤로그에서 언급했듯 독일 미술사학자 핀터가 사용한 '동시대의 비동시성'이라는 형용 모순의 단어가 있다. 우리나라가 직면하고 있는 일련의 세대 관련 현상을 함축하는 표현이다. 전통 세대부터 알파 세대까지 다양한 세대가 같은 시대를 살아가지만 세대 경험은 전혀 다르다. 우리나라의 전례 없는 60여 년간의 압축 성장은 세대 간 전혀 다른 세대 경험을 만들어 냈다. 세대 차이와 갈등은 자연스럽고 지극히 당연한 현상이다. 정치 프레임에 갇힌 편 가르기식 세대론, 마르크스적 수저 계급론까지 두둔하는 것은 아니지만, 각종 세대 논의를 부정적으로만 보는 것은 재고해야 한다.

세상에서 제일 쉬운 것이 부정이다. 곪은 부위를 덮는다고 될 일은 아니다. 공공, 민간 할 것 없이 조직 현장 어디든 세대 차이와 갈등으로 크고 작은 곪은 상처가 목격된다. 상처가 더 악화되는 것을 막아야 한다. 비록 통증이 있더라도 상처 부위를 도려내고 새살이 돋게 해야 하지 않겠는가? 세대 논의를 피하거나 비판적이기보다는 심화하면서 세대 간 이해와 화합을 위한 방안을 찾아가는 성숙한 고민과 노력이 절실하다.

조직은 지금
세대 지각 변동 중이다

    강의와 컨설팅을 하면서 여러 유형의 조직과 구성원을 만나다 보면 인구 변화를 새삼 체감한다. 다수의 기업에서 밀레니얼 세대 비중이 50~60%가 넘는다. 80%가 넘는 조직도 심심찮게 볼 수 있다. 인구 구조 측면에서 조직의 많은 변화가 감지된다. 조직에는 베이비붐 세대, X세대, 밀레니얼 세대, Z세대까지 전혀 다른 사건과 경험을 한 4개 세대가 공존하면서 다양한 역동을 만들어 내고 있다. 하지만 1964년생 베이비붐 세대가 은퇴하는 2024년을 기점으로 또 다른 세대 지각 변동이 있을 것으로 보인다.

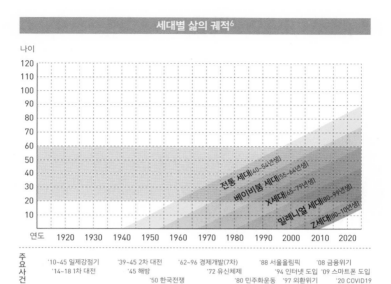

나이

120
110
100
90
80
70
60
50
40
30
20
10

전통 세대(40~54년생)
베이비붐 세대(55~64년생)
X세대(65~79년생)
밀레니얼 세대(80~99년생)
Z세대(00~10년생)

연도   1920 1930 1940 1950 1960 1970 1980 1990 2000 2010 2020

주요
사건

'10~45 일제강점기	'39~45 2차 대전	'62~96 경제개발(7차)	'88 서울올림픽	'08 금융위기
'14~18 1차 대전	'45 해방	'72 유신체제	'94 인터넷 도입	'09 스마트폰 도입
	'50 한국전쟁	'80 민주화운동	'97 외환위기	'20 COVID19

특히 조직 내 세대 변화에는 의미 있는 3가지 이슈가 있다.

첫째, 밀레니얼 세대의 중년화다. 2019년은 밀레니얼 세대 초반에 해당하는 1980년생이 40세가 되는 해였다. 신세대의 상징격인 밀레니얼 세대도 어느덧 중년에 접어든 것이다. 선배 세대 중년과 구분하여 '꽃중년'이라는 표현도 등장한다. 선배 세대가 그랬듯이 이제 밀레니얼 세대가 선후배 세대 사이에서 '낀 세대' 역할을 해야 할 차례가 된 것이다.

둘째, Z세대의 등장이다. 2019년부터 2000년생인 Z세대가 조직에 들어오기 시작했다. 그들은 급격한 출생 인구 감소를 겪은 세대다. 밀레니얼 세대의 대학 진학률이 한때 83.8%(2008년)까지 올라갔던 것과 달리, Z세대는 60%대로 떨어졌다. 대학이 취업을 보장해주지 못한다는 것을 깨달은 것이다. Z세대가 조직에 합류하면서 문화의 변화도 불가피하다.

셋째, X세대의 임원 승진 가속화와 베이비붐 세대의 은퇴다. 조직 내 선배 세대의 상징 격인 X세대와 베이비붐 세대가 후배 세대에게 자리를 빠르게 내어 주고 있다. 베이비붐 세대의 은퇴 행렬은 계속되고 있다. 2024년이 되면 1964년생을 마지막으로 정년을 맞은 베이비붐 세대가 조직에서 물러난다. 기업은 은퇴를 앞둔 이들을 위한 재교육 요구를 충족하고 평생 쌓은 고급 노동력을 어떻게 활용할 것인지 고민해야 할 것이다. 임금 피크제, 조기 퇴직, 성과에 따른 연봉제 유연화 등 새로운 인사 차원의 고민이 증가할 것으로 보인다.

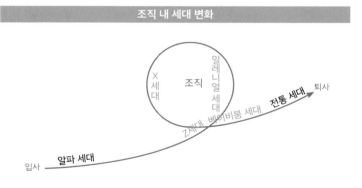

조직 내 세대 변화

우리 조직은 이런 변화를 얼마나 잘 준비하고 대응해 나가고 있는가? 조직 내 인구 구조 변화를 대수롭지 않게 무시하고 넘어 간다면 낭패를 볼 수도 있다. 왜냐하면 조직 문화, 일하는 방식, 리더십에 대한 인식 전환이 없다면 새로운 세대와 안정적으로 융화하기 어렵기 때문이다. 한국경총의 조사에 따르면, 요즘 신입 사원이 입사 후 1년 내 퇴사하는 비율이 27.7%에 이른다. 이 수치는 계속 늘어나는 추세다. 또 취업포털 잡코리아는 신입 사원의 80%가 이직을 준비하고 있다는 설문 결과를 발표하기도 했다. 1년 내 이직하는 MZ세대는 37.5%나 된다.[7] 그렇다. 아직 조직은 Z세대 직원이 적응하기에 녹록지 않은 환경이다.

사실 조직도 변화가 부담스럽기는 마찬가지다. 세계적 신용 평가사인 스탠더드 앤드 푸어스Standard & Poor's, S&P에 따르면, 500대 기업의 평균 수명이 1935년에 90년, 1955년에 45년, 1975년에 30년, 1995년에 22년, 현재 15년까지 떨어졌다. 한국의 기업 평균 수명도 15년 정도이지만 중소기업은 12.3년으로 더 열악하다. 변화는 기업이 생존하기 위한 필수 조건이다. 조직이 생존하고 지속 성장하기 위해서는 외부 환경에 적응하는 것은 물론, 내적 통합 차원에서 필연적으로 세대 화합과 융화를 통한 세대 변화의 연착륙을 도모해야 한다.

더 이상 세대 교체를 수동적으로 방관할 게 아니다. 늦기 전에 적극적으로 세대 변화를 준비하고 대응해야 한다. Z세대가 유입

될수록 조직 내 세대 간 다양성 이슈가 더욱 증가할 것이다. 새로운 인적 자원을 생산 활동에 투입해 당장 성과를 내야 하는 기업에서는 관리 부담이 커질 것이 불을 보듯 뻔하다. 적절한 수준의 동질성을 확보하기 위한 조직 사회화 과정이나 세대 화합을 필수 선결 과제로 삼아야 한다. 이제 세대 간 오해와 갈등에 발목 잡혀 있을 게 아니라 세대 간 행복한 공존으로 전화위복할 수 있어야 한다. 세대 지각 변동으로 터진 소리 없는 아우성을 조직 변화의 필요성을 알리는 경보음으로 해석해야 한다.

2장

Z세대를 만든 요인

Generation Z

어느 시대에 태어나고 싶은가?

세대 차이와 갈등은 무엇보다 세대 특성이 달라서 나타난다. 세대마다 특성이 다른 것은 세대 자본이 다르기 때문이다. 저자는 세대 자본Generation Capital을 특정 기간에 태어나 해당 또래 집단이 공통으로 향유한 고유의 경험에서 생긴 능력이나 특성으로 정의한다. 예컨대 Z세대는 스마트 기기가 일상화된 시대에 나고 자란 탓에 IT 기기 활용 능력과 멀티태스킹 역량이 선배 세대에 비해 우수하다.

저자가 강의 때면 X세대만의 고유한 특성으로 드는 사례가 있다. X세대는 대한민국에서 아날로그와 디지털의 감수성을 모두 갖춘 처음이자 마지막 세대라는 점이다. 태어나 학창 시절의 대

부분을 아날로그 세상에서 살았지만, 비교적 젊은 시절에 새롭게 열린 디지털 세상을 누린 세대이기도 하다. 그야말로 '디지털 이민자Digital Immigrant'라는 표현이 어울린다. 아날로그 세대인 선배 세대와 디지털 세대인 후배 세대 사이에서 '낀 세대'로서의 숙명을 타고난 세대라고 할 수 있다. 이렇듯 X세대는 선후배 세대 간 동시 통역자 역할을 수행할 수 있는 세대 자본을 가진 유일한 세대다.

최신 기술 관련 세대별 별명			
베이비붐 세대	X세대	밀레니얼 세대	Z세대
최초 활용자	디지털 이민자	디지털 네이티브	모바일 네이티브

요즘 형편이 넉넉지 못한 사람도 조선 시대 어떤 왕보다 훨씬 호사스러운 환경에서 산다. 의료 서비스는 물론이고 교통, 통신 기술 등 이루 비교할 수 없다. 왕의 수명이 고려 시대에는 기껏 43세, 조선 시대에는 46세였다고 한다. 지금은 어떤가? 기대 수명이 80세가 훌쩍 넘는다. 과거 왕으로 태어나는 것과 현 시대 평범한 시민으로 태어나는 것 중 어느 것이 나을까? 이 판단에는 각 세대가 가진 고유의 세대 자본이라는 개념이 개입된다. 당신은

다시 태어난다면 어느 시기에 태어나고 싶은가? 혹자는 과거의 아날로그 향수가 그리울 수 있고, 누구는 지금의 최첨단 기술에 매력을 더 느낄 수 있다. 세대 자본은 우열을 가릴 수 없고 단지 고유의 특성이다.

지금은 재능과 역량만 있다면 애플, 아마존, 넷플릭스 같은 회사를 만들 수 있는 어마어마한 기회의 세상이다. 기회가 곧 엄청난 자본이다. 하지만 그 기회가 누구에게나 주어지는 것은 아니다. 경쟁을 이겨 낸 극소수만 누릴 수 있는 전유물이다. 오히려 이런 기회의 물결에 편승하지 못하면 변화의 파고에 휩쓸려 도태되기에 십상이다. 디지털 격차로 인한 소외감과 스트레스로 더 힘들 수 있다. 중요한 것은 Z세대의 세대 자본은 선배 세대의 세대 자본과는 차원이 다르다는 점이다.

그렇다면 Z세대의 고유한 세대 자본은 어디에서 오는 것일까? Z세대에게 영향을 미친 사건이 중요한 단서가 될 것이다.

Z세대가 만난 사건

심리 상담 시 내담자의 과거 사건을 추적하듯 Z세대를 이해하기 위해서 그들이 겪은 사건들을 살펴보는 것은 꽤 유의미하다. 당신은 Z세대에게 영향을 미쳤을 법한 사건 하면 어떤 것들이 떠오르는가?

먼저 사회적으로 보면, 아이폰, 갤럭시탭 등의 스마트 기기를 빼놓을 수 없다. Z세대는 딱히 사용법을 배운 것도 아닌데, 스크린을 이리저리 드래그하거나 만지고 놀면서 금세 적응하며 친숙해졌다. Z세대 자녀를 키운 부모라면 공감할 것이다. 밀레니얼 세대가 '클릭 세대'였다면, Z세대를 '드래그 세대'라고 할 수 있다. 특히 스마트 기기는 Z세대가 영상Visual 사고를 하는 데 영향을 미쳤다. 선배 세대가 텍스트Text 사고를 하는 것과 비교된다. 밀레니얼 세대는 그 과도기인 이미지Image 세대쯤으로 이해할 수 있다. 한편, 주 52시간 근무제 시행으로 업무 시간이 줄면서 일과 삶의 균형을 위한 기본 토대가 차츰 갖춰지기 시작했다. 삶보다는 일에 더 무게 중심을 둘 수밖에 없었던 X세대 이상 선배 세대와 달리, 삶도 중요하다는 인식이 서서히 커졌다.

또 문화적으로 Z세대에게 영향을 미친 사건으로 기억해야 할 것은 그들의 성장기에 들불처럼 끊이지 않고 이어진 각종 공개 오디션 프로그램이다. 서바이벌 오디션 프로그램의 불을 지핀 건 2009년부터 2016년까지 8시즌 동안 전 국민의 사랑을 받으며 인기를 구가했던 〈슈퍼스타K〉였다. 2010년 〈스타 오디션 위대한 탄생〉, 2011년 〈나는 가수다〉도 초창기 붐을 조성했다. 물론 서바이벌 오디션 프로그램의 특징을 신인 스타 발굴에 맞춘다면, 시초는 1970년대부터 시작된 대학가요제, 강변가요제까지 거슬러 올라가야 한다. 원조 논쟁은 차치하자. 여기서 전하려는 메시지는 Z세대가 〈프로듀스 101〉까지 유년 시절에 각종 오디션 프로그램을 보고 성장했다는 점이다. 그들은 자신의 개성을 스스로 어필해야 하는 경쟁 환경에서 자랐다.

세계적으로 활동을 하는 K-POP 스타의 성장은 Z세대가 나름의 문화적 정체성을 갖는 데 영향을 줬다. 전통 세대에게 남진, 나훈아, 베이비붐 세대에게 조용필, X세대에게 서태지, 밀레니얼 세대에게 동방신기, 빅뱅 정도였다면, Z세대는 방탄소년단, 블랙핑크가 또래 집단 문화를 형성하게 했다. 2018년 방탄소년단의 앨범이 빌보드 차트 1위에 오르면서 우리 문화에 대한 자부심을 높이는 계기가 되었다.

정치·경제적으로 영향을 미친 사건을 보자. Z세대는 천안함 침몰, 연평도 포격 등 북한의 침공을 겪으면서 전통 세대나 베이비붐 세대 못지않은 안보 의식, 안보관을 갖게 되었다. 또 2008년 금융 위기를 빼놓을 수 없는데, Z세대보다는 부모인 X세대에게 직접적인 영향을 미쳤다. 과거 IMF에 이은 큰 경제 위기로 가족의 씀씀이에 적잖은 타격을 줬다. 그리고 Z세대에게는 남다른 경제관념으로 나타났다.

한편, 가상 화폐 열풍, 부동산값 폭등, 해외 주식 투자 증가, 원화 가치 하락 등은 Z세대에게 경제적으로 위기감을 느끼게 했다. 열심히 일해서 돈을 벌어도 집을 사거나 '경제적 자유'를 이루기 힘들다는 것을 깨달았다. 또한 투자 마인드 없이는 경제적으로 독립하는 것이 어렵다는 것을 체험했다. 이렇듯 Z세대는 미래에 대해서 부정적이다. 노력해도 성공하기 힘들다는 인식이 선배 세대보다 뚜렷하게 나타난다.[8]

글로벌 환경도 좀 달랐다. Z세대는 독일 메르켈 총리, 미국 오바마 대통령 등 여성 및 유색 인종이 국가의 수장이 되는 모습을 보았고, 반기문 총장이 국제기구인 UN의 총장이 되는 것도 목격했다. 이는 Z세대가 다양성에 대해 더 수용적인 태도를 보이고, 한국인으로서 자부심을 느끼도록 했다. 또 Z세대는 스마트 기기 등 각종 온라인 채널을 통해 세계적으로 일어나고 있는 사건, 사고들을 실시간으로 확인할 수 있었다. 자극적인 환경 오염, 생태계 파괴 등의 영상과 뉴스는 Z세대에게 남다른 정의 및 윤리 의식을 심어줬다. 영국 최대 건강보험기업 부파Bupa가 시행한 설문 조사에 따르면, Z세대 응답자 10명 중 6명이 고용주의 환경문제 대응 방식이 중요하다고 답했다.

이 밖에도 바이러스 팬데믹은 보건 안전과 생명의 중요성을 인식하게 함은 물론이고, 사회 전반에 걸쳐 선배 세대가 쌓아온 시스템 전반에 대해 문제의식을 느끼도록 했다.

이상 Z세대에게 직·간접적으로 영향을 미친 주요 사건들을 살펴봤다. 세대마다 영향을 미친 사건은 다르다. 세대 간 다른 삶의 궤적은 다른 DNA로 나타났다. 이처럼 영향을 미친 사건을 살펴보는 것은 Z세대를 이해하는 데 중요한 실마리가 된다. 태어나서 20세 전후까지 성격과 인격이 형성되는 중요한 시기에 영향을 미친 사건은 세대 특성에 직접적인 영향을 미치기 때문이다.

Z세대에게 영향을 미친 주요 사건

정치·경제   사회·문화

2004 주 5일 근무제

'05 → 2005 페이스북

2006 반기문 유엔 사무총장 당선   → 2006 구글의 유튜브 인수

→ 2007 스마트 기기 출시

2008 금융 위기

2009 신종 플루   → 2009 슈퍼스타K

2010 천안함 침몰 사건 / 연평도 포격   '10 → 2010 김연아 올림픽 금메달

2011 후쿠시마 원전 사고   → 2011 등골 브레이커

→ 2012 싸이 강남스타일
     / 응답하라 1997
     / 페이스북의 인스타그램 인수
     / 쇼미더머니

2014 세월호 침몰 / 갑질 사건

2015 메르스   '15 → 2015 허니버터칩

2016 알파고-이세돌 바둑 / 촛불 시위   → 2016 프로듀스101

2017 문재인 정부 출범   → 2017 틱톡 한국서비스 시작

2018 주 52시간 근무제 / 가상 화폐   → 2018 BTS 빌보드 1위(轉 앨범)

2019 일본 불매 운동

2020 COVID19   '20 → 2020 BTS 빌보드 핫100 첫 1위

Z세대를 만든 요인

Z세대에 대한 이해를 높이기 위해서 Z세대에게 영향을 미친 사건에 이어 꼭 살펴봐야 할 것이 있다. Z세대에게 영향을 미친 요인이 바로 그것이다. 중복도 없고 빠짐도 없이 정리하기 위해서 사람, 사물, 시간, 공간의 네 측면에서 정리했다. 왜 Z세대가 다르게 느껴지는지 이해하는 데 도움이 될 것이다.

요인 1. [사람] 부모, 유튜브 크리에이터

결혼하고 싶은 상대가 어떤 사람인지 알고 싶으면 상대의 부모님을 보라고 하지 않은가? 자녀를 알려면 그 부모를 보면 된다. Z세대에게 영향을 미친 요인으로 사람 측면에서 '부모'라는 존재를 기억해야 한다. Z세대의 부모는 X세대다. X세대는 IMF 외환 위기의 직격타를 맞은 세대다. 그렇다 보니 사회생활을 시작할 무렵 취업의 질이 좋지 않았다. IMF의 영향으로 비정규직도 많았다. 이런 넉넉지 않은 상황은 자녀인 Z세대에게 자연스레 경제관념을 갖도록 했다. 반면 베이비붐 세대는 자녀인 밀레니얼 세대를 비교적 풍족하게 양육했다.

> "불확실성이 가득한 경제 환경과 검소하고 회의적인 X세대 부모 밑에서 자란 Z세대는 돈의 가치를 중시하는 세대로 성장했다."
>
> - 크리스틴 해슬러 -

또 특기할 점은 X세대 부모는 자녀인 Z세대와 친구 이상으로 가깝게 지냈다는 점이다. IBM 기업가치연구소에서 발표한 '가족 지출에서 Z세대가 미치는 영향'을 보면, X세대 부모와 Z세대 자녀 간 관계를 넌지시 읽을 수 있다. 식품 및 음료, 여행, 가정용품, 가구, 외식 등의 품목에서 Z세대의 입김이 가족의 지출에 크게 영향을 미치는 것으로 나타난다. 이렇게 Z세대가 가족 지출에 크게 영향을 미칠 정도로 부모와 자녀의 관계는 친구 이상으로 수평적이었다.

Z세대가 가족 지출에 미치는 영향

다음 중 어떤 품목에서 본인의 용돈을 사용하거나 부모의 지출에 영향을 미칩니까?

	본인의 용돈 지출	가족의 지출에 영향을 미침
의류 및 신발	55%	60%
도서 및 음악(실물 구매)	52%	41%
애플리케이션	52%	20%
장난감 및 게임	50%	30%
이벤트 및 나들이	48%	48%
개인 위생	43%	55%
전자 제품	42%	61%
외식	42%	63%
디지털 스트리밍	37%	37%
스포츠 장비	31%	47%
식품 및 음료	26%	77%
여행	26%	66%
가정용품	18%	73%
가구	16%	76%

* 출처: IBM기업가치연구소·전미소매협회 '유일무이한 Z세대'

　　또한 X세대 부모의 개인주의적 특성이 자녀에게 영향을 준 것으로도 해석할 수 있다. 1990년대 X세대가 신세대로 주목받던 시절, 개인주의는 그들을 특징짓는 대명사처럼 쓰이기도 했었다. 그렇지만 그들의 개인주의는 후배 세대의 개인주의와는 좀 다르다. X세대 부모의 개인주의가 '개방적 개인주의'라면, 자녀인 Z세대의 개인주의는 '폐쇄적 개인주의'이다. X세대는 학창 시절 미술 준비물을 가져오지 않은 친구에게 나눠 줬듯 서로 도와주는 관계였다. 하지만 Z세대는 오디션 프로그램처럼 서로 친구이자 경쟁자다.

　Z세대에게 영향을 미친 존재로 부모 못지않게 '유튜브 크리에이터'를 빼놓을 수 없다. Z세대는 스마트 기기를 끼고 자란 세대로 밀레니얼 세대보다 유튜브 크리에이터나 인플루언서의 영향을 많이 받았다. 매일 스마트 기기를 통해 접하는 유튜브 크리에이터는 어려서부터 친숙한 존재였고 연예인이나 운동선수 못지않은 인기를 누리고 있다. Z세대를 대상으로 한 설문 조사를 보더라도 존경하는 인물로 유명 유튜브 크리에이터가 상위에 랭크된다. 또 Z세대가 생각하는 전문가와 인플루언서의 특성에 관한 연구[9]를 보면, Z세대는 선배 세대보다 인플루언서를 전문가로 인식한다.

　유명 유튜버 중에는 젊은 나이에 수십억대 자산을 일군 영앤리치Young and Rich도 적지 않다. 밀레니얼 세대가 경제적 자립으로 자발적 조기 은퇴를 꿈꾸는 파이어FIRE, Financial Independence Retire Early족이 되기를 희망한다면, Z세대는 애초 조직에 들어가지도 않고 유튜브 크리에이터가 되는 것이 꿈이다. 한 조사에 따르면, 10대 청소년 중 75%가 유튜브 크리에이터를 꿈꾼다고 한다.[10] 특히 예술과 기업에 관심이 있는 유형의 Z세대일수록 유튜브 크리에이터로 종사할 의향이 높은 것으로 나타난다.[11]

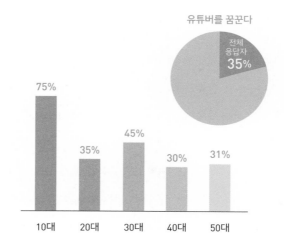

현재 유튜브 크리에이터를 하고 있거나 앞으로 계획 있나?

유튜버를 꿈꾼다

전체
응답자
35%

75%

35%

45%

30%

31%

10대   20대   30대   40대   50대

　　이후 Z세대의 DNA에서 언급하겠지만, '재미'라는 키워드가 Z
세대를 대변하는 특징으로 거론되는 것도 유튜브 크리에이터가
크게 한몫했다. 학교, 학원 등을 오가면서 빠듯한 일정을 소화하
며 학업에 매진해야 했던 Z세대에게 유튜브 크리에이터는 일상
을 탈출해 재미와 자유를 맛볼 수 있게 한 친구 같은 존재였다. 유
튜브 크리에이터와의 특별한 유대는 그들의 생애 주기에서 뗄 수
없는 관계로 이어졌다. 유튜브 크리에이터는 Z세대를 콘텐츠 펀
슈머Contents Funsumer로 만든 장본인이기도 하다.

요인 2. [사물] 스마트 기기, 유튜브, 앱

어려서부터 스마트 기기와 친숙했던 본격적인 첫 세대는 Z세대다. 밀레니얼 세대의 경우 1980년대생은 성인이 다 돼 스마트 기기를 접했다. Z세대를 자녀로 둔 부모는 식당에서 소란스러운 자녀들을 조용히 단속하기 위해 자녀가 좋아하는 캐릭터가 등장하는 영상을 보도록 했다. 그러면 자녀는 스마트 기기 속 캐릭터에 곧 빠져들었다. 그뿐인가. Z세대는 스마트 기기를 기반으로 수업을 한 첫 세대이기도 하다. 시범 수업으로 시작했지만, 어느덧 스마트 기기를 활용한 수업이 일상이 되었다. 나아가 이젠 친구를 줌으로 만나 함께 수학 문제를 풀면서 대화를 나눈다.

Z세대는 어려서부터 스마트 기기를 통해 연결된 온라인 세상에 오랜 시간 노출되었다. 온라인 공간은 오프라인 공간에 비해 수평적인 속성을 지니고 있으며 익명성이 보장되고 나이에 상관없이 누구나 동일하게 한 표를 행사할 수 있는 평등한 공간이다. 오프라인 공간은 직급이나 나이가 많은 사람에게 정보가 집중되지만, 온라인 공간에서는 정보의 비대칭성이라는 게 거의 없다. 직급이나 나이 상관없이 노력만 하면 더 많은 정보를 얻을 수 있기 때문이다. Z세대가 다양한 자아를 가지게 된 것도 활동 영역을 온라인으로 확대하게 만든 스마트 기기가 이바지한 바 크다.

Z세대는 일명 '유튜브 세대'라고도 불린다. 어느 세대보다 유튜브에 익숙해서다. Z세대의 삶 가운데 유튜브가 없는 일상은 설

명하기 힘들다. Z세대의 유년 시절 성장 과정에서 유튜브는 친숙한 유희의 도구였다. 그뿐이 아니다. 단순한 놀이일 뿐 아니라 정보의 보고로도 활용하고 있다. 앞머리 자르는 법, 밤샘 공부하는 법 등 재미있으면서 도움이 되는 삶의 소소한 팁은 유튜브를 통해 얻는다. 선배 세대들이 인터넷이나 블로그 등을 통해 정보를 얻었다면, Z세대는 궁금한 점이 생기면 바로 유튜브 검색창을 활용한다. 닐슨 코리안클릭이 발표한 자료에 따르면, Z세대의 유튜브 이용자는 86%로, Y세대(76%), X세대(66%)보다 높았다. Z세대의 하루평균 유튜브 시청 시간은 56.9분으로 Y세대(14.3분), X세대(15.1분)를 압도했다.

여기에 더해 '앱'으로도 불리는 애플리케이션을 Z세대에게 영향을 미친 요인에서 빼는 것은 왠지 서운하다. 하버드대 하워드 가드너 교수는 책《앱 제너레이션》에서 Z세대를 '앱 세대'라고 부른다. Z세대가 온라인 환경으로 입장하는 통로는 대부분 앱을 통해서다. 음악을 듣고, 게임을 하고, 영화를 보고, 길을 찾고, 맛집을 검색하고, 친구와 대화하기 위해 앱을 연다. 앱은 Z세대의 요구를 즉각 충족할 수 있는 신속성이 큰 강점이다. Z세대는 심지어 세상을 앱들의 총체라고 여기기까지 한다.

하워드 가드너 교수는 Z세대가 인생 자체를 마치 하나의 거대한 앱처럼 바라보는 사고방식을 갖고 있다고 본다. 그는 이를 '슈퍼 앱'이라고 표현했다. Z세대는 일상에서 겪는 문제를 앱으로 해결 가능하다고 생각한다. 하지만 그는 경고한다. 자칫 앱 때문에 게으르고 수동적인 인간이 된다면, 스스로 깊이 사고할 줄 모르고, 끊임없이 발전하는 성숙한 자아의식을 가지지 못할 것이라고. 그래서 그는 강조한다. 앱이 자기 행동과 선택, 목표 등을 제한하거나 결정하게 내버려 두는 '앱 의존형 인간'이 아니라, 앱을 활용해 여러 새로운 가능성과 기회를 탐색하는 '앱 주도형 인간'이 되어야 한다고 말이다.[12]

요인 3. [시간] 부족한 시간, 성큼 다가온 미래

바야흐로 시간 전쟁의 시대다. 지금처럼 시간을 빼앗기 위해 몰두하는 치열한 시기는 없었다. 애플, 마이크로소프트, 구글, 아마존, 페이스북 등 가장 빠른 속도로 변화하고 있는 기업들은 바다의 여신 사이렌처럼 고객의 시간을 뺏기 위해 최첨단 기술로 홀리고 있다. 그 유혹에 가장 취약한 세대는 바로 Z세대다. 혈기 왕성한 그들은 유혹을 이기기 위해 귀를 막거나 자신의 욕망을 밧줄로 동여맬 의지가 부족하다. 앞으로는 영상, 게임 등 각종 도구로 시간을 빼앗으려는 꼬임을 뿌리치고 자신의 시간을 지켜 낼 수 있는 주도적 인간이 승리할 것이다. Z세대는 어쩌면 가장 어려운 싸움을 하는 세대인지도 모른다.

최첨단 과학 기술의 융합과 발전으로 미래가 성큼 다가왔다. 바이러스 팬데믹은 변화에 급발진을 일으키며 폭주하게 했다. 사람들은 변화의 속도에 현기증을 호소한다. 특히 선배 세대는 이전과 다른 변화의 속도에 어리둥절하다. 하지만 Z세대는 이 시기를 어떻게 받아들일까? 선배 세대에 비하자면 가장 빠른 속도로 달리던 터라 적응이 빠르다. 예컨대 바이러스 초기 갑작스러운 비대면 환경에 선배 세대의 저항이 컸던 것과 비교해, Z세대는 적응에 어려움이 덜했다. 선배 세대가 비대면 회의의 효과성을 놓고 찬반양론이 갈릴 때, Z세대는 비대면 수업에 큰 마찰없이 녹아들었다.

10년 후 먼 훗날 얘기처럼 느껴지던 일이 지금 빠르게 현실이 되어 가고 있다. 언제부터인가 '인공 지능 시대'의 진입을 외치기 시작했다. 하지만 선배 세대가 주도하고 있는 정치, 경제, 사회, 문화 등 어느 영역도 이런 변화의 속도를 제대로 따라잡지 못하는 듯하다. 다만 경제 주체로서는 기업이, 세대로서는 Z세대가 변화의 속도에 얼추 비슷한 보폭으로 쫓는 모양새다. 앞으로 변화와 혁신을 도모하고자 한다면 Z세대를 간과해서는 안 되는 이유다.

요인 4. [공간] 연결된 지구, 메타버스

Z세대는 지구가 촘촘하게 연결되어 있고 가깝다고 인식한다. 이를 잘 보여 주는 것이 Z세대를 일컫는 '필란스로키즈Philanthrokids'라는 별명이다. '자선'을 의미하는 필란스로피Philanthropy와 '아이들'

을 뜻하는 키즈Kids의 합성어다. '공공의 선을 위해 행동하는 아이들' 정도로 해석할 수 있다. Z세대는 지구 반대편에서 발생하는 기아, 지구 온난화, 테러 등의 문제를 남의 일처럼 간과하지 않는다. 기후 위기의 심각성을 경고했던 스웨덴의 환경 운동가 그레타 툰베리가 Z세대 인물의 대표 격이다.

Z세대는 온오프라인의 경계가 명확했던 선배 세대와 달리 온오프라인의 경계가 무너진 세계에서 나고 자랐다. 데이비드 스틸맨과 요나 스틸맨은 책《Gen Z @ Work》에서 이런 Z세대의 특징을 '물리적Physical'과 '디지털Digital'의 합성어인 '피지털Phigital'로 표현한다. Z세대는 가상과 현실의 세계를 구분하지 않고 자유롭게 넘나드는 세대라는 것이다. 그들이 온라인 친구를 오프라인 친구 못지않게 여기는 게 대표적이다. 밀레니얼 세대가 온라인과 오프라인을 일종의 벽으로 인식하는 것과 비교해 Z세대는 경계 정도로 인식한다는 것이다. 예컨대 현실의 어떤 것에 'i'만 붙이면 가상의 그것이 되는 식이다.

갑작스레 불어 닥친 메타버스의 열풍은 세대 관점에서도 주목해야 할 점이다. 특히 메타버스 시대의 주역은 Z세대라는 것이다. 대표적인 메타버스 플랫폼인 제페토는 2022년 8월 기준 누적 이용자가 3억 2,000만 명에 이르는데, 이용자의 90%가 10~20대다.[13] Z세대는 이미 메타버스의 공간을 가장 빠르게 적응해 가고 있다. Z세대 10명 중 7명은 메타버스에서 일상을 보낸다.[14] 각박

한 현실을 벗어나 새로운 놀이터를 찾는 Z세대의 특성상 게이미피케이션Gamification 요소가 넘치는 메타버스로의 이주는 당연한 현상으로 여겨진다. 기업들은 밀레니얼 세대에 한 템포 늦게 대응한 시행착오를 겪지 않기 위해 Z세대를 겨냥해 앞다퉈 홍보와 마케팅에 메타버스를 적용하고 있다.

Z세대에게 영향을 미친 요인

이상 Z세대에게 영향을 미친 요인 4가지를 살펴보았다. 첫째, 사람 측면의 요인으로 부모와 유튜브 크리에이터를 언급했다. 부모는 Z세대가 경제관념, 수평적 사고, 개인주의적 특성을 갖게 했다. 둘째, 사물 측면의 요인으로 스마트 기기, 유튜브, 앱을 들었다. 평등주의, 재미, 신속성의 특성을 갖게 했다. 셋째, 시간 측면의 요인으로 부족한 시간, 성큼 다가온 미래라는 은유를 통해 Z세대가 변화가 빠른 시기에 나고 자란 세대라는 점을 강조했다. 넷째, 공간 측면의 요인으로 연결된 지구, 메타버스라는 새로운 공간을 가장 먼저 선도해 가는 세대임을 짚었다.

Z세대에게 영향을 미친 시간과 공간 측면의 요인을 '인공 지능 시대'로 묶어 볼 수 있다. 역사는 시간과 공간 속에 존재한다. 지금 우리는 인공 지능 시대 초입에 들어섰고, Z세대는 그 주역이다. 그동안 젊은 세대들이 미래를 이끌 세대로 주목받았듯이 이제는 Z세대 차례다. 인공 지능 시대의 DNA를 가장 닮은 세대는 Z세대다. 조직은 Z세대가 마음껏 잠재력을 펼칠 수 있는 여건을 조성하는 게 향후 인공 지능 시대에 생존의 관건이 될 것이다.

양육 방식을 보면 세대가 보인다

인격 형성에 가장 큰 영향을 미치는 존재는 부모이거나 그와 비슷한 멘토 역할을 하는 사람이다. 누구보다 어머니의 영향이 절대적이다.[15] 그리고 부모의 양육 방식은 자녀의 정서 발달과 성격 형성에 직접적인 영향을 준다. 나아가 부모 세대의 양육 방식은 자녀 세대의 특성에도 큰 변수로 작용한다.

우리나라의 경우 유교 전통이 양육 및 훈육 방식에 영향을 크게 미쳤다. 전통 세대 부모까지만 하더라도 가부장적이고 권위적인 문화에 익숙했다. 그 자녀들이 엄격한 규율 속에서 비도덕적인 행동을 할라치면 응당 체벌했다. 전통 세대 부모는 많은 자녀를 뒀지만 넉넉지 못한 경제 형편 탓에 생계형 맞벌이를 하며 힘

겹게 입에 풀칠하느라 자녀 교육에 신경 쓸 겨를이 없었다. 자녀를 마치 양치기처럼 동네라는 울타리 안에서 방목하며 키웠다.

저자의 부모님 역시 전통 세대다. 그 시절 가족의 식사 풍경은 〈대화가 필요해〉라는 개그 프로그램에서 그려진 모습과 별반 다를 바 없었다. 식사 중에 하는 대화는 "밥 먹자.", "많이 먹어라.", "다 먹었지?" 정도였다. 그야말로 조용한 가족이었다. 특히 아버지에 대한 기억은 충고를 듣고 야단을 맞는 것이 대부분이었다. 아버지는 가까이하기 힘든 어렵고 권위적인 존재였다. 하지만 역설적으로 X세대 자녀에게 꽤 오랫동안 아버지는 존경의 대상이기도 했다.

어머니는 어떤가? 아버지에 비하면 자녀와 대화를 많이 하고 수용적이었지만, 잘못에 대해서는 엄했다. 저자의 어머니만 하더라도 완력으로 매를 거부하던 중학생이 되기 전까지는 회초리 아니 빗자루를 드셨다. 초등학교 3학년쯤이었던 것 같다. 수업 준비물을 사려고 받은 돈 천 원을 오락 게임 등 유흥비로 탕진한 걸 어머니께 들킨 적이 있다. 어린 놈이 간땡이가 부었다며 호되게 두들겨 맞았던 기억이 선하다. 당시 천 원은 큰돈이었다. 동네 점방(가게)에서 파는 사탕 4개에 십 원이었고, 방과 후 단골처럼 들렀던 오락실에서 갤러그나 테트리스 게임 한 판에 50원이었다. 졸업식이나 운동회 등 특별한 날에나 맛볼 수 있었던 짜장면이 900원이던 시절이었다.

서구문화에 영향을 받기 시작한 베이비붐 세대 부모부터 양육 방식의 변화가 일기 시작했다. 그들은 전통 세대 부모의 양육 방식을 마음에 들어 하지 않았고, 내 자녀만큼은 다르게 키우려고 노력했다. 베이비붐 세대 아버지는 직장에서 늦게까지 일하느라 자녀와 대화할 시간이 부족했다. 하지만 전통 세대보다는 경제적인 형편이 나아져 자녀에게 투자할 여력이 생겼다. 헬리콥터 맘의 장본인 격인 베이비붐 세대 엄마는 자녀를 위해 교육열을 불태웠다. 밀레니얼 세대 자녀의 든든한 멘토 역할을 자처하면서 자녀의 삶에 깊게 관여했다. 하지만 과한 관심은 자녀를 애어른 Adultescence 단계에 머물게 하는 부작용을 낳았다.

다른 나라도 상황은 별반 다르지 않다. 심리학자 하라 에스트로프 마라노는 자녀 교육에 대한 과도한 개입은 미국을 소극적이고 무기력한 어린이들의 나라로 만들었다고 진단했다.[16] 베이비붐 세대 엄마는 대학 입학 때까지는 물론, 직장을 구하고 회사 생활할 때도 자녀에게 카운슬러가 되어 주었다. 지인의 전언에 따르면, 입사한 자녀의 신입 입문 교육을 참관하면서 내용에 훈수를 두기도 하고, 인사 담당자에게 전화를 걸어 자녀의 인사 평가 결과에 항의하는 엄마도 있었다.

X세대 부모는 베이비붐 세대 부모보다 자녀를 다정다감하게 대한다. 부모의 충분한 사랑을 받고 성장하지 못했기 때문에 자녀에게 이런 경험을 물려주고 싶지 않아서다. 선배 세대 부모처

럼 권위적이지 않고 자녀와의 관계도 편하고 격이 없다. 베이비
붐 세대 부모처럼 자녀의 삶 모든 부분에 관여하지도 않는다. 실
패를 통한 학습과 독립성도 중요하게 생각하기 때문이다. 그러나
필요할 때는 마치 제트 전투기처럼 돌진해서 자녀의 문제 해결을
돕는다.[17] 때론 드론처럼 자녀를 가까운 거리에서 살피고, 일과
삶의 균형을 맞추며 자녀와의 시간을 많이 가지려고 노력한다. X
세대인 저자도 자녀에게 매를 들지 않고, 자녀와 대화할 때도 서
로 존댓말을 사용하지 않는다. 그야말로 부모는 자녀에게 친구
이상 가까운 존재다.

　밀레니얼 세대 부모는 또 차원이 다르다. 2000년부터 1명을
간신히 넘기는 출산율을 보면 힌트를 얻을 수 있듯, 하나뿐인 자
녀에 대한 사랑이 더 각별하다. 하지만 '헬리콥터 맘'이라 불리던
베이비붐 세대의 자녀 세대로 성장하면서 스펙 관리하느라 자유
를 빼앗겼던 세대다. 그래서일까? 밀레니얼 세대는 그들의 자녀
에게는 덜 간섭하고 싶어 한다. 그래서 붙은 별명이 '인공위성 맘'
이다. 평소에는 일정 거리를 유지하다가 도움이 필요할 때만 가
까이 가서 챙기는 것이다. 선배 세대 부모의 시행착오를 최소화
하면서 남다르게 자녀를 키우고자 한다. 그들은 인터넷이나 사회
관계망 서비스SNS를 통해 이전 세대보다 풍부한 육아나 자녀 교
육 정보를 빠르게 얻고 활용하기도 한다.

　이렇듯 세대를 이해하는 데 부모의 양육 방식은 중요한 단서가

된다. "요즘 애들은 버릇이 없어."라는 말을 하기 전에 자신이 자녀를 어떻게 키우고 있는지 먼저 생각해 볼 일이다. 후배들도 누군가의 자녀다. 선배 세대라면 부모의 양육 방식을 염두에 두고 후배의 행동을 해석할 필요가 있다. 그러면 더 수용적이고 관용적인 태도로 후배 세대를 바라볼 수 있지 않을까?

세대별 부모의 역할과 영향				
구분	전통 세대	베이비붐 세대	X세대	밀레니얼 세대
자녀	X세대	밀레니얼 세대	Z세대	알파 세대
부모의 역할	양치기 맘	헬리콥터 맘	제트 전투기 맘	인공위성 맘
자녀에게 부모의 존재	존경의 대상 권위적 존재	멘토	친구	왕, 왕비
양육 정보원	부모	부모	부모, 인터넷, 친구	인터넷, 덕후
부모의 양육 방식	엄함, 방목	의미, 자아존중감	수평적, 다정다감	완벽 관리
영향을 받은 자녀의 가치관	베이비붐, X세대 : 서열, 독립적	밀레니얼 세대 : 평등, 특권 의식	Z세대 : 정직, 실용적	알파 세대 : 경쟁, 변화/도전
가족 행태	고정된 성 역할	4인 가구 일반화	여성 사회 진출 조이혼율 증가	외동 자녀 증가

3장

Z세대의 DNA

Generation Z

우리가 MZ세대라고?
우리는 Z세대다!

　구글 트렌드에서 'MZ세대'를 검색해보면, 세계적으로 처음 언급되기 시작한 것은 2005년 6월부터다. 우리나라는 2019년 5월경이다. 2020년 바이러스 팬데믹을 기점으로 언급 건수가 폭증한 것을 확인할 수 있다. 그간 밀레니얼 세대와 Z세대를 나눠 부르다가 어느 날 한 세대로 묶은 것이다. 무슨 일이 생긴 것일까? 2020년부터 언론에서 MZ세대라는 용어를 본격 사용하기 시작하면서 점차 일반인에게까지 회자되기에 이르렀다.

　같은 신세대이지만 Z세대는 밀레니얼 세대와 좀 다르다. 밀레니얼 세대는 텍스트와 이미지를, Z세대는 동영상을 통해 정보를 얻고 소통한다. 밀레니얼 세대가 선망하는 직업이 연예인이나 운동선수였다면, Z세대는 유튜브 크리에이터가 추가된다. 밀레니얼 세대가 브랜드의 지명도를 중시한다면, Z세대는 고가 브랜드보다 자기만의 개성을 더 중시한다. 그래서 브랜드에 대한 로열티가 상대적으로 낮다. 소비 기준도 좀 다르다. 밀레니얼 세대가 가성비를 따진다면, Z세대는 디자인과 포장 등 첫인상을 중요하게 여긴다.

밀레니얼 세대와 Z세대 비교		
구분	밀레니얼 세대	Z세대
정보	이미지	동영상
영향 매체	TV	유튜브
선망 직업	연예인 및 운동선수	유튜브 크리에이터
소통	텍스트 메시지	동영상 메시지
브랜드	지명도 중시 (고가 브랜드 제값 주고 구매)	개성(맞춤형) 중시 (고가 브랜드보다 나만의 개성)
브랜드 로열티	높음	낮음
소비 기준	가성비 (가격 확인 필요)	첫 인상 (디자인, 포장 중요)

혹자는 밀레니얼 세대와 Z세대를 비슷한 세대로 인식하고 MZ세대를 '질레니얼Zillennials'이라고 부르기도 했다. 다시 강조하지만 Z세대는 밀레니얼 세대와 다르다. 이 시선으로 그들을 바라보면 차이점을 찾을 수 있을 것이다. 그러면 두 세대에 대한 이해도 더 높아질 것이다.

왜 세대 차이가 나는 것일까?

밀레니얼 세대와 Z세대 간에도 엄연히 세대 차이가 발생하는 이유는 무엇일까? 3가지 효과 때문이다.

가수 양준일이 〈슈가맨〉이라는 예능 프로그램에 나오면서 화제가 된 적이 있다. 그의 소싯적 모습이 빅뱅의 지드래곤과 닮은 꼴이라는 이유로 일명 '탑골 지디'로 불렸다. 젊은 세대가 그를 소환한 것이다. 저자는 양준일이 활동했을 때 당시를 어렴풋이 기억한다. 90년대 초 가요 순위 프로그램 〈가요톱10〉에 나와 '리베카'라는 곡을 부르던 그의 모습을. 유튜브에서 30년은 족히 됐을 법한 그의 옛 영상을 발견하고는 수십 번 넘게 본 것 같다. 영상 속 그의 패션은 지금 봐도 세련돼 보였다. "아빠가 좋아했던 가수도 나름 괜찮았거든." 하는 심산으로 큰 딸에게 영상을 보여 줬다. 촌스럽다며 몇 초 보지도 않고 곧장 제 방으로 가버렸다.

그때 머릿속에 조지 오웰이 얘기한 다음 문장이 스쳤다. "모든 세대는 자기 세대가 앞선 세대보다 더 많이 알고 다음 세대보다 더 현명하다고 믿는다." 이를 '나이Age 효과'라고 한다. 선배 세대는 언제부터인가 나이가 들면서 휴가 나온 장병들을 보면 어려 보이기 시작한다. 그만큼 나이가 들어간다는 것이다. 나이가 들수록 으레 경험이 많아지고 지혜가 더해가기 마련이다. 자신의 어릴 적 모습을 보는 시야도 바뀐다.

서태지를 좋아하던 X세대 부모가 방탄소년단을 흠모하는 Z세대 자녀와 생각이 같을 수 없다. 향유했던 문화가 다르니 말이다. 이는 '또래 집단Cohort 효과' 때문이다. 소속 욕구는 청소년기에 특히 강하게 나타나며, 또래 문화를 형성하는 데 큰 영향을 미친다. 또래 집단의 기호는 소비 시 선택에 영향을 준다. 한때 부모님의 주머니를 가볍게 했던 고가의 패딩 점퍼가 유행했던 것이 대표적이다. 부모의 등골이 휠 정도로 부담이 가는 비싼 상품을 사 달라고 조르는 철없는 자녀를 일컬어 '등골 브레이커'라고 불렀다. 청소년기에 느끼는 가장 큰 감정 중 하나는 외로움이다. 그 외로움을 메꿔 줄 수 있는 것도 또래 집단이다. 그래서 또래 집단이 소유하고 누리고 있는 것을 동일하게 향유함으로써 소속감을 느끼는 것이다. 등산과 색소폰 연주가 베이비붐 세대의 공통된 취미인 것도 같은 맥락이다.

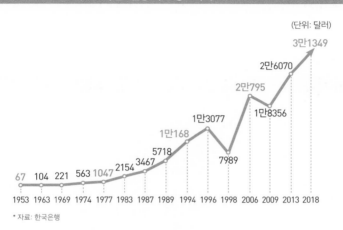

국민 1인당 국내 총소득 추이[18]

(단위: 달러)

3만1349

2만6070

2만795

1만8356

1만3077

1만168

7989

5718

3467

67 104 221 563 1047 2154

1953 1963 1969 1974 1977 1983 1987 1989 1994 1996 1998 2006 2009 2013 2018

* 자료: 한국은행

　　우리나라의 국민 1인당 국내 총소득은 1953년 67달러, 1977
년 1천 달러, 1994년 1만 달러, 2006년 2만 달러, 2018년 3만 달
러를 돌파했다. 어느 나라에도 없었던 성장이었다. 우리가 먹고
살 만해 진 것은 그리 오래전 일이 아니다. 전통 세대는 기계화의
1차 산업 혁명, 베이비붐 세대는 대량 생산의 2차 산업 혁명, X세
대는 디지털의 3차 산업 혁명, 밀레니얼 세대와 Z세대는 융합의
4차 산업 혁명의 시기에 젊은 시절을 보냈다. 이렇듯 세대마다 다
른 시대를 살았기 때문에 특징이 다르다. 이를 '기간Period 효과'라

고 한다. 젊은 시절에 듣고 싶은 곡을 카세트테이프에 녹음해 듣던 아날로그 감성의 워크맨 세대와 다양한 기능의 앱들이 탑재된 스마트 기기를 누린 디지털 감성의 스마트폰 세대가 같은 특성을 보이기 어렵다.

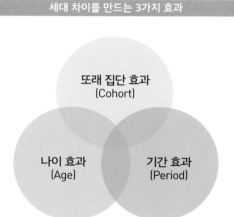

세대 차이를 만드는 3가지 효과

또래 집단 효과
(Cohort)

나이 효과
(Age)

기간 효과
(Period)

　　이런 다양한 요인으로 선후배 세대 간에는 큰 간극이 존재한다. 또래 집단 효과, 나이 효과, 기간 효과의 3가지 이유만 보더라도 세대 차이가 발생하고 세대 간 소통이 어려운 건 당연한 현상이다.

나이 들면서 세대 DNA가 변할까?

이런 의문이 생길 수 있다. "나이가 들면서 세대 특성이 그대로 유지될까? 아니면 변화할까?" 결론부터 얘기하면 세대의 특성이 변하는 부분도 있고 그렇지 않은 부분도 있다.

먼저 세대 차이를 만드는 이유에서 소개한 '나이 효과'를 고려하면, 세대 특성은 나이가 들수록 조금씩 변한다. 나이가 들수록 경험이 쌓이고 신체적, 정신적 변화가 생기면서 생애 주기에 따라 특성이 바뀌게 마련이다.

예일대 임상 심리학과 대니얼 레빈슨 교수는 책《남자가 겪는 인생의 사계절》에서 이런 변화를 몇 단계로 구분한다. 인간 발달의 전 생애를 0~22세의 성인 이전 시기, 17~45세 정도의 성인 초

기, 40~65세 정도의 성인 중기, 60세 이후의 성인 후기로 나눈
다. 중첩되는 각 5년 정도의 시기는 과도기로 표현한다. 출생에
서 죽음에 이르기까지 우리의 인생은 변화와 발달의 과정이며,
인생 주기에 따라 특성이 바뀐다.

한편 '또래 집단 효과'를 고려한다면, 세대 간 특성은 다르지만
변화하지는 않는다. 인구학자 서울대 조영태 교수는 책《정해진
미래 시장의 기회》에서 특정 기간의 고유 경험을 공유하는 인구
집단의 변화 양상을 추적한다. 특정 시기에 태어난 또래 집단은
나름의 경험과 사고방식을 공유하고, 이것은 일생에 영향을 미치
고 소비 패턴에도 영향을 미친다고 주장한다. 특정 기간의 동일
한 경험을 한 또래 집단, 즉 세대별 특성은 나이가 들어도 큰 변화
없이 상당 부분 그대로 유지된다.

대표적인 현상이 '액티브 시니어'의 등장이다. 베이비붐 세대
가 본격적으로 노인 인구로 편입되기 시작했다. 시간과 경제적인
여유를 기반으로 능동적이고 도전적인 세대로 두각을 나타내고
있다. 액티브 시니어는 이전의 노인과 사뭇 다르다. 건강, 취미
등을 통해 자기 관리에 충실하고, 아낌없이 투자하며, 가족보다
자신을 위한 소비에 적극적이다. 유명 맛집이나 카페에서 찍은
사진을 SNS에 올리면서 자기 생각과 의견을 표현하는 이도 적지
않다. 기업은 이미 자금력이 풍부한 액티브 시니어가 온라인 시
장에서 새로운 소비 주역으로 등장할 것을 대비하고 있다.

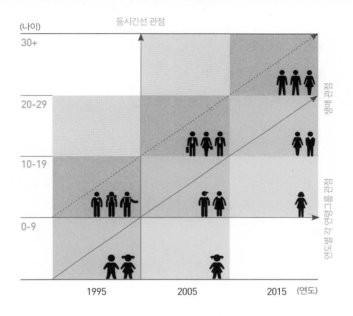

또래 집단별 소비 성향[19]

한편 X세대는 어떤가? X세대의 마흔과 베이비붐 세대의 마흔
이 같다고 생각하는 것은 오산이다. 나이는 같아도 세대마다 특
징은 다르다. X세대가 마흔일 때 '영포티Young Forty'라는 새로운 수
식어가 붙었다. 그만큼 이전 세대의 마흔과 달랐다. 마흔이 되면
으레 보수적이고 권위적으로 된다는 고정 관념과 달리, X세대의
마흔은 젊은 사고와 소비 지향의 패턴을 보이며 정치 성향은 가
장 진보적이다.[20] X세대는 개인주의, 탈권위 등 젊은 시절의 특성

이 마흔이 되어서도 크게 바뀌지 않았다. 그들은 나이가 들어서도 젊게 살고 싶어 한다.

Z세대도 마찬가지일 것이다. 그들만의 고유한 DNA를 통해 사회의 주역으로 역할을 점차 확대해 갈 것이다. 어느 세대든 세대 특성은 나이가 들면서 변하는 점도 있지만 크게 변하지는 않는다.

Z세대, 나는 OO한다 고로 존재한다

당신은 제목의 OO이라는 빈자리에 어떤 단어를 넣고 싶은가?

나는 접속한다, 고로 나는 존재한다.

미래학자 제러미 리프킨은 책《소유의 종말》에서 이 같은 명제를 제시한다. 그는 소유와 대치되는 '접속Access'이라는 단어를 끌어온다. 젊은 세대는 인터넷을 통해 자유롭게 온라인이라는 새로운 세상을 접속하면서 선배 세대와는 다른 문화와 트렌드를 만든다. Z세대는 온오프라인의 경계를 허물면서 빠른 속도로 외연을 확장하고 진화시켜가고 있다.

나는 인증한다, 고로 나는 존재한다.

Z세대는 접속한 온라인에서 선배 세대와 다른 디지털 발자국을 남겨가고 있다. 그 수단의 하나가 바로 '인증'이다. Z세대는 온라인 공간에서 자신의 정체성과 브랜드를 증명이라도 하듯 어디서든 경험을 남긴다. 그리고 해시태그를 달아 SNS로 공유한다. 선배 세대의 관심 영역과는 구별되는 새로운 방법으로 공간을 옮겨 가며 자신만의 페르소나를 드러낸다.

나는 결제한다, 고로 나는 존재한다.

Z세대는 온라인에 접속해서 자신의 취향에 맞는 정보와 덕후를 찾아 서핑하면서 덕질을 한다. 그들은 온라인 분야 전문가인 덕후가 추천하는 것을 신뢰하며 소비한다. 그렇게 Z세대가 온오프라인을 넘나들면서 경험하는 것들은 트렌드가 된다. 그들의 새로운 정보에 대한 접근성과 생산 능력은 '두 번째 뇌를 가진 신인류'라고 부를 만하다. Z세대를 선배 세대 어릴 적 모습 정도로 생각해서는 안 된다.

나는 행동한다, 고로 나는 존재한다.

Z세대는 행동주의자다. 윤리, 정의, 공정의 가치를 위반하는 것에 대해서 목소리를 낸다. 특히 온라인 공간에서 더더욱 말이다. 2021년 딜로이트 보고서에 따르면, "환경 및 기후 문제에 대

한 개인의 행동 의지가 팬데믹 이후 더욱 강해질 것인가?"라는 질문에 밀레니얼 세대(32%)보다 Z세대(38%)가 긍정적으로 답했다. 조직에서 Z세대의 비중이 증가할수록 공정성, 다양성의 이슈가 증가할 것이라는 점을 예측할 수 있다.

다시 묻는다. 당신은 Z세대를 어떤 명제로 표현하고 싶은가? Z세대는 어떤 특성을 지녔다고 생각하는가? 앞으로 Z세대의 DNA, 즉 유전자에 대해서 살피고자 한다. 우선 Z세대라는 용어부터 짚어 보자.

Z세대의 유래

Z세대라는 단어는 어떻게 등장한 것일까? 이를 알려면 먼저 X
세대의 유래부터 살펴야 한다. X세대는 미지수를 의미하는 숫자
'X'에서 유래했다. 그만큼 X세대는 '도무지 알 수 없는 세대'였다.
X세대는 캐나다 작가 더글러스 코플랜드가 쓴 소설 《X세대
Generation X》에서 최초로 사용했던 용어다. 이후 이어지는 세대는
알파벳의 순서대로 Y, Z세대라고 부르게 되었다. Y세대는 밀레
니얼 세대를 일컫는다. Z세대의 다음은 어떻게 이어질까? 바로
알파 세대Generation Alpha다.

Z세대라는 용어는 2007년 브랜드 전략가인 크리스핀 리드가
처음 사용한 후, 2012년 미국 종합 일간지 USA투데이가 밀레니

얼 세대를 잇는 이름으로 선정하기도 했다. Z세대를 구분하는 연도는 분석 기관에 따라 조금씩 차이가 있다. 보통 90년대 중반 혹은 2000년부터 2010년까지이며, 주로 X세대 부모의 자녀로 태어난 세대다. 21세기에 출생한 첫 세대이기도 하다. 진정한 의미의 21세기 인물이라 할 수 있다. 지금부터 Z세대의 DNA를 하나씩 살펴보려고 한다. 참고로 밀레니얼 세대의 특징은 저자의 책 《요즘 것들》에서 7가지로 정리한 적이 있다.

밀레니얼 세대의 DNA

DNA 1. 질문자Question

DNA 2. 조급증 어른이Urgency

DNA 3. 학습자Eduperience

DNA 4. 최신 기술 숙련자Savvy in Technology

DNA 5. 의미 추구자Explanation

DNA 6. 현실주의자Realism

DNA 7. 성취주의자Achiever

Z세대의 DNA

세대 특성을 무 자르듯 학문적인 정교함으로 설명하기에는 어디까지나 한계가 있다. 설문 조사를 통해 얻은 통계나 빅데이터를 가지고 설명하는 것도 관점과 해석이 들어가게 마련이다. 또 Z세대라도 개인의 성격에 따라서는 그가 속한 세대의 특성이 아니라 선후배 세대를 더 닮았을 수도 있다. 어디까지나 개인차가 있다는 얘기다. Z세대가 가지는 속성을 살피는 이유는 명확하다. 그들을 이해하고 그들과 지혜롭게 소통하기 위함이다. 그럼 본격적으로 첫 번째 DNA부터 살펴보자.

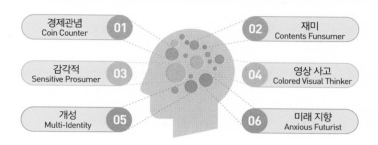

DNA 1. 경제관념(Coin Counter)

가정에서 여행이나 외식 등 소비를 함에 있어 Z세대 자녀가 가진 의사 결정의 힘은 남다르다. Z세대가 소비에 대해 지닌 입김은 절대적이다. 배달 음식을 시키더라도 가장인 저자는 메뉴 선택권이 전혀 없다. 묻지도 않는다는 표현이 정확할 것 같다. 대부분의 결정은 두 딸의 의중에 달려 있다. 엄마는 단지 결정된 메뉴를 주문하는 정도의 역할을 한다. 앞서 언급했듯이 Z세대가 가족 내 구매력에 행사하는 실질적 파워는 막강하다. Z세대는 마음에 드는 물건을 찾을 때까지 과정을 기꺼이 인내하면서 최고의 거래가 될 때까지 좀처럼 지갑을 열지 않는다. 그들은 가벼운 주머니 사정으로 가성비에 가심비까지 따져 가며 합리적인 소비를 한다.

나아가 Z세대는 경제적이고 윤리적인 방식으로 소비한다. 쉽게 접하기 힘든 한정판 제품이나 소장 가치가 있는 명품, 연예인

굿즈 등 거래 물품은 다양하다. 또 가격이 좀 비싸더라도 윤리적 가치를 담고 있다면 소비를 통해 자신을 드러내는 데 주저함이나 거리낌이 없다. Z세대의 신념을 담은 소비가 확산되면서 '미닝 아웃'이 새로운 소비 트렌드로 자리매김하고 있다. 미닝 아웃은 미닝Meaning과 커밍 아웃Coming out의 합성어로, 소신 있게 개인의 취향과 사회적 성향을 표출하는 행위를 의미한다.

Z세대에게 중고 쇼핑은 자신의 방식으로 개성과 취향을 드러내는 수단이다. 부모 세대나 조부모 세대와 달리 중고 쇼핑을 세련된 소비로 인식하는 '에코 섹시' 시대를 열고 있다. 에코 섹시란 환경을 뜻하는 에코Eco와 멋지다는 뜻 섹시Sexy의 합성어다. 중고 제품을 구매하거나 친환경 소재로 제작한 상품, 업사이클링한 제품을 소비하는 행위를 포함한다. 일회용품이나 종이를 쓰지 않는 커피숍, 호텔 체인도 늘고 있고, 음식 폐기물 '제로'에 도전하는 고급 식당까지 등장했다.

저자가 강의 중 만난 한 리더는 환경에 대해 남다른 의식을 가진 Z세대 직원을 소개했다. 그 직원은 사내 커피숍에서 구입해 마신 커피의 용기와 종이를 버리지 않고 모아두었다가 정기적으로 커피숍에 반납한다고 했다. 자발적으로 ESG경영을 실천하고 있는 것이다. Z세대의 소비는 '개념 소비', '착한 소비'라고도 일컬어진다. 환경과 사회에 미치는 영향까지 충분히 고려해 상품이나 서비스를 구매하는 것을 말한다. 향후 기업은 Z세대의 의식 있는 발자국을 잘 추적하는 것이 사업의 핵심 성공 요인이 될 것이다.

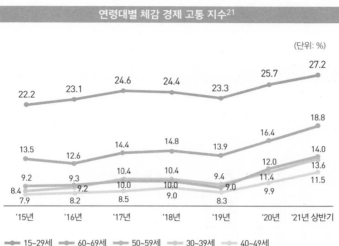

연령대별 체감 경제 고통 지수[21]

(단위: %)

	'15년	'16년	'17년	'18년	'19년	'20년	'21년 상반기
15~29세	22.2	23.1	24.6	24.4	23.3	25.7	27.2
60~69세	13.5	12.6	14.4	14.8	13.9	16.4	18.8
50~59세	9.2	9.3	10.4	10.4	9.4	12.0	14.0
30~39세	8.4	9.2	10.0	10.0	9.0	11.4	13.6
40~49세	7.9	8.2	8.5	9.0	8.3	9.9	11.5

Z세대가 경제관념이 강한 이유는 무엇일까? 첫째, 저성장기에 자란 세대라는 점이다. Z세대는 경제적으로 L자형 저성장기를 보낸 세대답게 경제적 고통을 크게 느낀다. 연령대별 체감 경제 고통 지수를 보더라도 15~29세가 가장 높게 나타난다. 둘째, 무엇보다 X세대 부모의 영향이 크다. 앞서 언급했듯 X세대는 IMF 구제 금융 위기로 취업의 질이 좋지 않아 경기가 나빠지면 가장 타격을 받는 세대이기도 하다. 공교롭게도 그들의 자녀는 주로 한참 교육비 지출이 많은 학생이다. 그래서 그들은 Z세대

자녀에게 합리적인 소비를 가르쳤다. 전무후무한 경제 성장을 구가하던 시절의 베이비붐 세대가 밀레니얼 세대에게 여유로운 소비와 교육 혜택을 누리게 한 것과 비교된다.

Z세대의 오프라인 쇼핑 태도[22]

세대별 소셜 미디어 스트레스

	소셜 미디어 사용 시간을 줄이고 싶다	소셜 미디어로 스트레스를 받는다
X세대	15%	13%
밀레니얼 세대	25%	18%
Z세대	28%	22%

Z세대의 오프라인 쇼핑 태도

오프라인 상점에서 물건을 구매하는 것을 좋아한다	81%
상품을 찾기 위해 오프라인 상점을 이용한다	73%
오프라인 상점에서 물건을 직접 사용해 보는 것을 좋아한다	65%
오프라인 상점에서 쇼핑이 소셜 미디어와 디지털 세계를 단절시켜 준다	53%

* 미국 및 캐나다 1,500명 대상 조사
* 자료: AT커니

Z세대의 경제관념을 이해하는 키워드는 '실용성'이다. Z세대는 온오프라인을 오가며 실용적인 선택을 하고 현실적인 소비를 한다. 그들은 아날로그와 디지털, 현실과 가상이 자연스럽게 연결되는 디지로그 현상의 최전선에 있다. 흥미로운 건 미국의 금융 경제 전문 채널 CNBC에 따르면, Z세대의 온라인 쇼핑 선호도

가 선배 세대보다 낮았다. Z세대는 소셜 미디어 의존도가 높긴 하지만, 오프라인 쇼핑몰에서 가족이나 친구들과 음식을 먹고 어울리는 과정을 즐긴다. 컨설팅 회사 AT커니가 미국과 캐나다 소비자 1,500명을 대상으로 실시한 조사에서도 81%의 Z세대가 온라인 쇼핑보다 오프라인 쇼핑에 대해 긍정적 태도를 보이는 것으로 나타났다. 같은 조사에서 Z세대는 선배 세대보다 디지털 스트레스를 더 많이 호소했다.

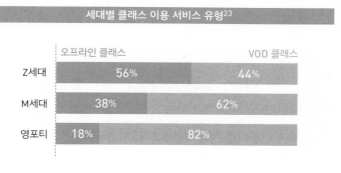

어쩌면 Z세대가 온라인뿐 아니라 오프라인으로도 쇼핑이나 대면 미팅, 학습 등을 즐기는 것은 이를 통해 '디지털 디톡스'를 하려는 것이라고 해석할 수 있다. 디지털 디톡스는 디지털Digital과 해독Detox의 합성어로 각종 스마트 기기와 인터넷, 소셜 미디어 등의 중독에서 벗어나 몸과 마음을 치유하는 것을 의미한다.

DNA 2. 재미(Contents Funsumer)

Z세대는 흥미 있는 콘텐츠에 대한 소비 성향이 강한 펀슈머 Funsumer다. 그들은 비싸도 재미있다면 기꺼이 지갑을 연다. 이 때문에 불황이나 바이러스 팬데믹에도 재미 요소가 잘 접목된 이색 컬래버Collaboration, 협업 상품은 불황을 비껴갈 수 있었다. Z세대 소비자는 유희와 새로움에 목마르다. 제품 차별화가 핵심인 시장에서 컬래버는 이를 구현할 수 있는 최적의 방법이라 할 수 있다. 예상을 뛰어넘는 다른 제품 간 결합으로 컬래버의 경계가 빠르게 무너지고 있다. 그 중심에는 재미, 유희의 인간인 Z세대가 있다.

중국 IT 기업 바이트댄스가 만든 틱톡은 Z세대의 마음을 사로잡았다. 15초의 숏폼Short Form, 짧은 영상 콘텐츠로 인기를 얻은 틱톡은 Z세대의 DNA와 유사한 점이 많다. 길고 지루한 것은 딱 질색인 Z세대에게 짧고 자극적인 숏폼 콘텐츠는 그야말로 취향 저격이다. 틱톡의 연령대별 사용자를 보더라도 Z세대인 10대가 가장 많은 것을 확인할 수 있다.

한편, 긴 바이러스 팬데믹 기간에 집콕, 방콕으로 스트레스를 받은 선배 세대와 달리, Z세대는 집에서도 지겨움을 덜 느꼈다. 왜일까? 선배 세대가 주로 오프라인 공간에서 유희를 즐기는 데 반해, Z세대는 온오프를 넘나들며 재미 요소를 찾아내고 즐기기 때문이다. Z세대는 바이러스 팬데믹 기간 변화에 가장 빠르게 적응했다. 디지털 네이티브다운 모습이라 할 수 있다.

Z세대에게 직업을 선택하는 기준으로도 재미가 중요한 요인이다. 통계청에서 발표한 연령대별 직업 선택 요인을 보면, Z세대는 다른 세대와 비교해 적성과 재미가 중요한 요인임을 확인할 수 있다. 그들은 다른 세대에서 중시하던 수입이나 안정성은 덜 중요하게 인식한다. 따라서 Z세대 인재와 함께하는 조직이라면 채용, 교육, 평가 등 기업 활동의 전 영역에 걸쳐 게이미피케이션 Gamification 요소를 가미하는 방식을 적극적으로 고민할 필요가 있다. 이를 통해 그들이 흥미를 느끼고 일할 수 있는 일터를 조성하는 것에 관심을 가져야 할 것이다.

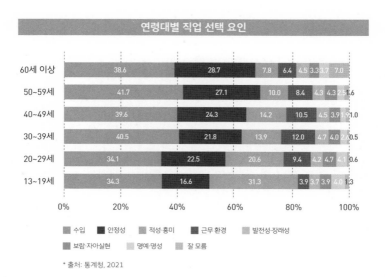

연령대별 직업 선택 요인

	수입	안정성	적성·흥미	근무 환경	발전성·장래성	보람·자아실현	명예·명성	잘 모름
60세 이상	38.6	28.7	7.8	6.4	4.5	3.3	3.7	7.0
50~59세	41.7	27.1	10.0	8.4	4.3	4.3	2.5	1.6
40~49세	39.6	24.3	14.2	10.5	4.5	3.9	1.9	1.0
30~39세	40.5	21.8	13.9	12.0	4.7	4.0	2.6	0.5
20~29세	34.1	22.5	20.6	9.4	4.2	4.7	4.1	0.6
13~19세	34.3	16.6	31.3	3.9	3.7	3.9	4.0	1.3

* 출처: 통계청, 2021

재미를 추구하는 Z세대를 이해하는 키워드는 '차별성'이다. Z세대의 과거 재해석, 뉴트로 열풍이 대표적이다. 레트로Retro는 옛날에 유행했던 것이 현재에 재조명받아 인기를 얻는 일종의 복고 열풍 같은 것이다. 옛날에 유행하던 디자인과 기능을 되살려 소비자의 향수를 자극하는 셈이다. 이런 추억 소환 콘텐츠는 예능, 드라마, 음악 등 장르를 불문하고 다양하다. 최근에는 레트로를 넘어 '새로운 복고'를 의미하는 뉴트로Newtro가 대세다. '포켓몬빵' 열풍처럼 복고적인 감성에 현대적인 기술을 접목하거나 재해석한 것이 뉴트로다. 많은 기업에서 다양한 뉴트로 제품들을 쏟아내고 있다. Z세대의 마음을 훔치고 싶다면 차별성에 주목해야 한다.

도대체 레트로, 뉴트로는 왜 인기인가? 첫째, 통상 불황기에는 복고가 유행한다. Z세대는 불황기에 성장한 세대 아닌가? 그들에게 복고뿐 아니라 중고 소비도 인기다. 둘째, Z세대의 재미라는 코드와 관련이 있다. 예스러운 B급 감성이 나는 재미로 의미 있는 것을 잘 포장한다. Z세대에게 의미 있는 것을 진지하게 전달하면 '진지충' 소리 듣기 딱 좋다. 그들에게 재미는 무미건조한 일상 탈출의 유일한 통로 역할을 했다. 이렇게 재미Fun, 즐거움Joy을 중시하는 Z세대를 조직은 어떻게 맞이해야 할까? 재미있게 업무에 몰입할 수 있는 조직을 만드는 것이 Z세대 인재 관리의 포인트가 될 것이다.

DNA 3. 감각적(Sensitive Prosumer)

정보가 넘치는 디지털 공간에 익숙해진 Z세대는 온라인에서 쏟아지는 자료나 정보에 '거짓말 탐지기'처럼 민감하다. 구글이 발표한 연구에 따르면, Z세대는 밀레니얼 세대보다 정보의 사실 확인에 훨씬 능숙하다. 그들은 짧은 시간 안에 기사나 글을 스캔하는 능력이 있다. 뉴스 기사, 고발 글이 올라오면 바로 판단하지 않는다. 팩트 체크 전까지는 어느 쪽도 믿지 않는다. 이처럼 Z세대가 팩트 체크에 집착하는 이유는 무엇일까? 그동안 그럴듯한 홍보와 광고, 넘쳐나는 가짜 뉴스 등에 자주 속아왔던 피해자라는 인식 때문이라는 분석이 설득력 있다.

따라서 직관적이고 감각적인 Z세대를 타깃으로 한 광고는 쉽게 믿지 않는 그들의 특성을 인지해야 한다. 거짓 없는 생생한 제품 소개와 후기가 전제되어야 한다. 광고주에게 Z세대는 만만한 고객이 아니다. 가성비에 가심비를 따지는 까다로운 체리피커 Cherry Picker이면서도 아낀 자금을 정말 갖고 싶은 상품에 통 크게 쓰기도 한다. 기존에 고객을 대하던 관성에서 벗어나 세심하고 감각적인 접근이 필요하다 하겠다. 기억할 것은 사실을 기반으로 해야 한다는 점이다. 사실과 재미에 민감한 Z세대를 이해할 수 있는 흥미로운 에피소드를 하나 소개한다.

2004년 12월에 농심켈로그는 자사의 시리얼인 첵스의 홍보를 위해 대통령 선거 이벤트를 진행한 적이 있다. 초콜릿 맛을 대표하는 '밀크초코당' 대통령 후보 '체키'와 파 맛을 대표하는 '파맛당' 대통령 후보 '차카'가 맞붙은 선거였다. 애초 어린이가 파를 싫어한다는 점을 염두에 두었던 답이 이미 정해진 이벤트였다. 한 온라인 커뮤니티 이용자들이 재미 삼아 차카에게 몰표를 던지면서 차카가 체키를 수만 표 차로 따돌렸다. 당황한 농심켈로그는 중복 투표 건을 없애 체키를 당선시켰다. 온라인 누리꾼들은 부정 선거라고 거세게 항의하면서 첵스 파맛의 출시를 요구했다. Z세대는 '첵스 비리' 포스터로 패러디하는 등 다양한 시각 풍자물을 만들어 내기도 했다. 부정 선거 이슈는 공정성에 민감한 Z세대를 자극했다. 급기야 농심켈로그는 첵스 파맛 출시를 결정하기에 이른다.[24]

농심켈로그의 '첵스 파맛' 이미지

사실과 진실을 추구하는 감각적인 Z세대를 이해하는 키워드는 '공정성'이다. Z세대를 '공정 세대'라고도 부르는 이유다. 밀레니얼 세대에 이어 Z세대에게도 직업으로서 공무원 선호도가 여전히 높은 이유는 정년이 보장되고 안정적인 것도 있지만 편견 없는 공정한 평가도 한몫한다. 또 X세대 부모의 역할이 크다. X세대 부모는 Z세대 자녀와 친구 이상으로 가까이 지내면서 수평적으로 양육했다. 그래서 Z세대는 선배 세대보다 나이나 성별 등으로 차별받지 않고 공정하게 대우받고 성장했다. Z세대가 공정 세대인 것은 X세대 부모가 '민주화 세대'라는 점과 무관하지 않을 것이다.

DNA 4. 영상 사고(Colored Visual Thinker)

수천 년간 인류가 정보 전달 및 소통의 매개로 사용하던 텍스트 기반의 오프라인 매체가 점차 사라지고 있다. 신문 구독률은 1996년 69.3%에서 2020년 6.3%까지 갈수록 줄고 있고, 아울러 독서 인구 또한 전 연령층에 걸쳐 꾸준히 감소하고 있다. 10명 중 4명은 1년에 책을 한 권도 읽지 않는다. 이에 반해 이미지와 동영상 시장은 급격한 성장세를 보인다. 그야말로 텍스트가 사라지는 제로 텍스트 현상이 가속화되고 있다.

이런 변화 속에 디지털기기 활용에 취약한 선배 세대일수록 어려움을 크게 호소한다. 반면 Z세대를 포함한 후배 세대는 이해하기 쉽고 직관적인 제로 텍스트 시대를 주도하고 있다. 디지털 마케팅 전문 회사 크로스IMC 박준영 대표는 Z세대의 스마트폰을 분석한 흥미로운 결과를 소개한 바 있다. 각종 앱을 묶은 그룹명에서 글자 대신 이모지Emoji라고 부르는 그림으로 된 다양한 색깔의 기호가 가득했다는 것이다.[25] 텍스트가 아니라 이미지, 영상으로 Z세대의 사고 패턴이 바뀌고 있는 것을 확인할 수 있는 대목이다.

제목이 이모지로 된 Z세대 스마트폰 화면[26]

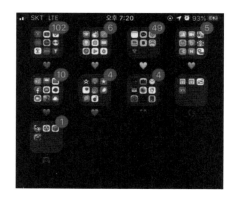

앞서 얘기한 것처럼 몇 년간 어마어마한 성장세를 이어가고 있는 틱톡의 인기 비결도 글자보다는 동영상으로 소통하는 10대를

공략했기 때문이다. 틱톡은 짧은 영상 포맷으로 손쉽게 영상을 편집하고 중독성 있는 음원으로 무장하고 있다. 어디 틱톡뿐인가? 메타, 유튜브, 스냅챗 등 각종 영상 플랫폼의 중심에 Z세대가 있다. 한 조사에 따르면, Z세대는 선배 세대보다 게임을 덜하고 동영상을 많이 본다는 통계도 있다.[27] 이 정도면 Z세대를 '영상 세대'라고 부를 만하지 않은가?

영상은 텍스트보다 힘이 세다. 그래서 인종, 국적 등 경계를 쉽게 뛰어넘는다. 언어를 모르면 접근조차 힘든 텍스트와 달리 영상은 언어적 한계를 거뜬히 극복하고 공감대를 만들어 낼 수 있다. Z세대는 검색할 때도 유튜브와 같은 영상 매체를 즐겨 활용한다. 대화도 영상을 선호한다. 영상 통화가 소통을 대신할 수 있다고 생각하는 비율이 다른 세대보다 높게 나타난다.[28] 최근 띠잉, 스무디, 플레이키보드 등 영상 대화가 인기인 것은 이들 Z세대의 영향이 크다.

텍스트나 이미지보다 영상을 선호하는 특성의 Z세대를 이해하는 키워드는 '효율성'이다. Z세대가 집중력이 부족하다는 생각은 오해다. 집중력은 짧고 긴 것의 문제가 아니다. 짧은 시간 내에 다양한 것을 더 많이 보는 효율성의 문제이기 때문이다. 이미지와 영상은 많은 양의 텍스트를 요약하고 함축할 수 있는 장점이 있다. 정보가 넘치는 세상에서 성장한 Z세대는 구구절절 장황한 텍스트보다는 직관적인 영상이 효율적이라고 인식한다. Z세대에게는 재미없이 길게 설명을 늘어놓는 것보다는 '세 줄 요약'처럼 핵심을 효율적으로 전달하는 것이 효과적이다.

DNA 5. 개성(Multi-Identity)

Z세대의 개성은 다양한 취향과 소비 행태에서 나타난다. Z세대의 소비는 남다르다. 획일화된 TV 대신 넷플릭스, 일반 은행 대신 복잡한 절차가 없는 카카오뱅크나 토스, 백화점 대신 개성 있게 자신을 꾸밀 수 있는 온라인 편집숍, 마트 대신 편하고 빠른 쿠팡이나 마켓 컬리까지 비대면 소비가 특징이다. 특히 평범함을 싫어하는 Z세대에게 요즘 인기를 얻고 있는 것이 온라인 편집숍이다. 자신만의 고유한 디자인을 추구하는 디자이너들이 제작한 다양한 상품들을 선택할 수 있기 때문이다. 머리부터 발끝까지 자신만의 매치를 통해 개성을 드러내고 싶어 하는 Z세대에게 수집의 즐거움을 제공한다.

컴퓨터 활용에 익숙한 밀레니얼 세대는 특정 시간이나 장소에서 온라인에 접속한다. 그리고 짧은 시간 내에 다수가 즐기고 있는 대세 콘텐츠를 찾는다. 요즘 가장 유행하는 것에 주목하고 대세를 따르는 편이다. 반면 Z세대는 스마트폰으로 언제 어디서나 본인이 좋아하는 콘텐츠를 즐겨왔기에 대세에 따르지 않고 본방 사수에 집착하지 않는다. 유튜브, 넷플릭스, 디즈니+, 애플TV 등 OTT 서비스 등을 통해 취향에 맞는 콘텐츠를 선택해서 소비한다. 그래서 그들은 유행에 민감하지 않고 취향에 맞는 것들을 소비하고, 비슷한 취향의 소수와 소통하는 것을 즐긴다.

Z세대는 나만의 개성, 나만의 공간, 나만의 관심사 등 개인성이 뚜렷하고, 외모에도 더 집착한다. 오프라인뿐 아니라 온라인을 통해서도 대중에게 노출되고 공개되는 시간이 많기 때문이다. Z세대에게 최고의 브랜드는 애플, 구글 같은 회사보다는 바로 '나'라는 브랜드다. 선배 세대가 '소유', 밀레니얼 세대가 '경험'을 위해 소비했다면, Z세대는 자신의 '개성'을 드러내기 위해 투자한다는 것이다. 세계적으로 저성장 기조가 보편화하는 시기에 유년 시절을 겪은 탓도 있다. 자연히 풍족한 소비보다 개념 소비를 통해 자신을 표현하고자 한다. 그래서 'One of them'보다는 'Only one'에 집중한다. 명품보다는 맞춤화한 독특한 상품에 지갑을 여는 것이다.

다양한 캐릭터를 가진 개성을 추구하는 Z세대를 이해하는 키워드는 '다양성'이다. 다양성은 Z세대를 선배 세대와 구별하는 대표적인 특징이다. Z세대는 유튜브, 소셜 미디어, 유튜브를 통해 다양한 취향과 정체성을 지닌 여러 나라의 또래 집단과 교류해왔다. 또 그들은 동성애자인 최고 경영자, 여성 총리와 흑인 대통령을 보고 자랐다. 그들이 성별, 인종 등 다양성에 자연스럽고 관용적인 것은 성장 과정 중에 겪은 경험을 보면 어렵지 않게 이해할 수 있다.

DNA 6. 미래 지향(Anxious Futurist)

Z세대가 봉착한 현실은 선배 세대와는 궤를 달리한다. 고용 환경의 변화로 취업 환경은 더 열악해졌다. 과거처럼 종신 고용이나 정규직 채용이 일상이던 호시절이 아니다. 어렵게 직장이라는 관문을 통과해도 만만치 않다. 한가하게 워라밸을 외치고 있을 시간이 없다. 생존을 위해 치열하게 발버둥 쳐야 하는 상황이다. 그래서 Z세대는 자신의 성장과 전문성 향상을 위해 노력해야 한다는 강박감을 가지고 있다. 좋은 직장, 높은 연봉 그 어떤 것도 자신의 미래를 보장해주지 않는다고 생각하기 때문이다.

세대별 고용 형태 변화			
베이비붐 세대	X세대	밀레니얼 세대	Z세대
종신 고용	정규직	경력직, 비정규직	자동화, 경력직, 비정규직 등

Z세대는 시간을 어떻게 바라볼까? 시간을 보는 관점이 선배 세대와 좀 다르다. 선배 세대는 과거 지향, 밀레니얼 세대는 현재 지향이었다면, Z세대는 미래 지향의 속성을 지닌다. 선배 세대는 과거의 경험과 향수로 살아간다. 밀레니얼 세대는 현재의 행복을 위해 기꺼이 돈과 시간을 투자한다. 반면 Z세대는 미래를 준비해

야 한다고 생각한다. 자신의 미래는 자신이 책임져야 한다는 것을 알고 준비하는 세대다. 밀레니얼 세대가 '워라밸 세대', '욜로 세대'라고도 불리며 미래보다는 오늘을 중시하던 것과 달리, Z세대는 오늘을 중시하면서도 미래에 대한 불안을 느낀다.

미래 지향의 Z세대를 이해하는 키워드는 '안정성'이다. Z세대는 생애 주기 가운데 경제 호황기를 겪어보지 못했다. 2008년 글로벌 금융 위기가 결정적이었다. 경제 호황을 경험하던 선배 세대들이 한순간에 나락으로 떨어지는 것을 목격했다. 이것은 사회적 성공보다는 안정을, 기업의 이익 추구보다 사회적 책임을 중시하는 성향을 지니게 했다. Z세대는 연 5% 이상의 경제 성장률을 체험한 것이 드물다. 게다가 부모인 X세대가 금융 위기 등으로 경제적으로 어려움을 겪는 모습을 보고 자랐기 때문에 더더욱 안정성을 중시한다.

우리나라 경제 성장률 추이

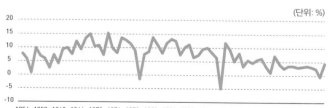

(단위: %)

20
15
10
5
0
-5
-10

1954 1958 1962 1966 1970 1974 1978 1982 1986 1990 1994 1998 2002 2006 2010 2014 2018

* 자료: 통계청

지금까지 살펴본 Z세대의 6가지 DNA를 이해해 가정에서부터 사회 각 분야까지 그들과 행복한 공존의 기반을 만들어 가길 기대한다. Z세대를 이상의 몇 가지 특성으로 규정하는 것은 어쩌면 성급한 일일 수도 있다. 그럼에도 불구하고 Z세대의 특성을 개념화한 것은 사회 각 주체가 Z세대를 지혜롭게 대처할 기회를 마련하기 위해서다.

Z세대의 남다른 DNA만큼이나 그들을 대하는 선배 세대의 태도도 달라야 한다. 다른 세대를 대하듯 관성대로 그들을 상대한다면 어려움을 겪을 수 있다. 다음 장부터 본격적으로 Z세대와 어떻게 공존해야 할지 알아보도록 하자.

4장

Z세대와 일하는 법

Generation Z

세대 다양성에 주목하라

비행기 탑승 시간이 한참 남았는데도 미리 줄을 서고, 비행기가 멈추기도 전에 스마트폰을 켜고 내릴 채비를 서두르는 한국인. '빨리빨리'는 우리의 독특한 문화다. 인종, 기호, 경제력 등의 차이를 존중하는 마음이 부족한 것 또한 우리나라만의 종족 특성이다. 영국 BBC방송의 발표에 따르면, 한국의 다양성 포용지수는 27개국 중 26위에 머물렀다.[29] 같은 발표에서 타인에 대한 신뢰도가 매우 낮고, 사람들을 대할 때 주의할 필요가 있다고 응답한 사람이 88%에 달한 것으로 나타났다. 그만큼 우리나라는 부, 정치 성향, 종교, 성, 나이, 학력, 지역, 세대 등 다름을 포용하지 못하는 것으로 해석할 수 있다.

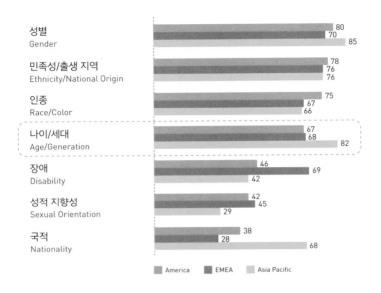

해외에서 집중하고 있는 다양성 포용 분야

	America	EMEA	Asia Pacific
성별 Gender	80	70	85
민족성/출생 지역 Ethnicity/National Origin	78	76	76
인종 Race/Color	75	67	66
나이/세대 Age/Generation	67	68	82
장애 Disability	46	69	42
성적 지향성 Sexual Orientation	42	45	29
국적 Nationality	38	28	68

그중에서도 최근 주목받고 있는 이슈 중 하나가 바로 '세대 다
양성'이다. 해외에서 집중하고 있는 다양성 포용 분야를 보면, 아
시아 태평양 국가는 '나이와 세대'에 대한 관심이 높다. 이 지역이
주로 유교 문화권이라는 점에서 주목할 만하다. 그중에서 우리나
라처럼 세대 갈등이 크게 쟁점이 되는 나라가 있을까 싶다. 가까
운 일본이나 대만, 중국과 비교해 보더라도 유독 우리나라의 세
대 문제가 더 커 보인다. 물론 언론, 정치 등의 분야에서 세대 갈
등을 과하게 조장하거나 공론화하는 측면도 없지는 않다. 이런

점을 참작하더라도 학교, 직장 등에서 세대 간 다름을 이해하고
인정하는 문화는 아직 갈 길이 멀어 보인다.

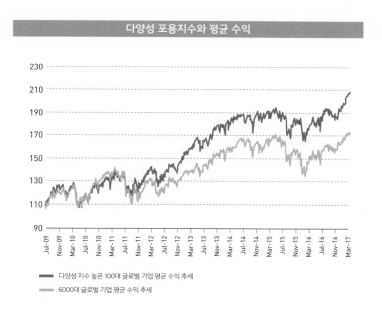

다양성 포용지수와 평균 수익

━━ 다양성 지수 높은 100대 글로벌 기업 평균 수익 추세
▬▬▬ 6000대 글로벌 기업 평균 수익 추세

　　그나마 세대 갈등의 이슈를 가장 발 빠르게 대응하고 있는 주
체는 기업이다. 변화의 속도가 빠른 영역이다 보니 나타나는 자
연스러운 현상이다. 다국적 정보기업 톰슨 로이터의 연구에 따르
면, 다양성 포용지수가 높은 글로벌 100대 기업의 평균 수익이
그렇지 않은 글로벌 6,000개 기업보다 높은 것으로 나타났다. 다

양성은 수익뿐 아니라 직원 몰입도, 혁신, 협업에도 긍정적인 영향을 미친다. 당연한 결과다. 다행인 건 근래 들어 적지 않은 기업들이 세대 다양성에 관심을 가지기 시작했다는 점이다. 글로벌 기업 삼성전자는 다양성 포용을 중요한 주제로 다양한 활동을 시도하고 있다. 일례로 리더십 아카데미에서 〈세대 공감과 다양성 포용〉이라는 프로그램을 그룹장과 파트장을 대상으로 교육하는 것이 그 예다.

다양성 포용은 국가나 기업은 물론 개인에게도 필수적인 당면 과제다. 특정 인종, 성별, 세대로 태어난 이상 노력으로 이를 바꿀 수는 없다. 바꿀 수 없는 것으로 차별하지 않는 것이 다양성 포용의 핵심이다. 하다못해 구성원이 서너 명인 작은 부서를 관리하더라도 다양성 포용은 중요한 이슈다. 다양성이 부족하면 조직의 역동성이 떨어지고 구성원이 역량을 제대로 발휘할 수 없기 때문이다. 자연히 성과가 나지 않고 변화에 뒤처지게 마련이다.

영국의 저널리스트이자 작가인 매슈 사이드는 책《다이버시티 파워》에서 영리한 팀과 영리하지 못한 팀을 비교하면서 인지 다양성이 풍부한 팀이 그렇지 않은 팀보다 성과가 높고 경쟁에서 승리할 확률이 높다고 강조한다. 우리가 세대 다양성에 관심을 가져야 하는 것도 이와 같은 맥락이다. 당신은 다른 세대 구성원에 대해서 얼마나 관대하며 포용적이라고 생각하는가?

영리한 팀 vs. 영리하지 못한 팀[30]

영리한 팀(반항적인 팀)

팀원1 팀원5 팀원7 팀원8
팀원2
팀원3 팀원4 팀원6 팀원9

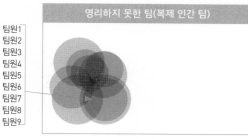

영리하지 못한 팀(복제 인간 팀)

팀원1
팀원2
팀원3
팀원4
팀원5
팀원6
팀원7
팀원8
팀원9

당신은 Z세대가
함께 하고 싶은 리더인가?

최근 조직에서 밀레니얼 세대가 중간 관리자는 물론이고 임원까지 된 사례도 속속 등장하고 있다. 2022년 3월 네이버는 1981년생 최수연 씨를 대표 이사로 임명하기도 했다. 취임 후 네이버는 주 5일 근무를 없애고 주 3일 내지는 주 5일 재택근무로 전환하는 파격적인 정책을 발표했다. 최수연 대표와 같은 밀레니얼 세대는 많은 조직에서 이미 절반 이상을 차지하고 있다. 게다가 Z세대가 합류하기 시작하면서 큰 변화를 예고하고 있다.

강의 중 A사 박 부장은 2003~2004년생도 조직에 들어온다면서 Z세대는 뭔가 다른 것 같다고 귀띔했다. 그는 바이러스 팬데믹 기간 중 줌을 통한 학교 수업에 익숙해서인지 Z세대는 대면 소통에 어려움을 겪는 것 같다고 덧붙였다. 여기에 마스크로 표정까지 숨기기까지 하지 않았는가. 그래서 박 부장은 요즘 입사한 후배들을 대할 때 더 신경이 쓰인다고 푸념했다.

바이러스로 마스크 착용이 일상이 되면서 겪는 소통의 어려움에 대한 일화가 많다. S사 한 리더는 마스크를 벗은 자신의 부서원을 못 알아보고 당황한 적이 있다. 또 다른 리더는 마스크를 착용한 후배에게 별 뜻 없이 마스크가 작아 보인다고 얘기했다가 예상치 않은 오해로 홍역을 치른 에피소드를 전해 주기도 했다. 선배로서는 가뜩이나 후배들과 대화가 쉽지 않은데, 바이러스는 소통의 장벽을 더 높였다.

이런 고충은 많은 리더가 겪고 있는 일이다. 바이러스가 감기나 독감처럼 치명률이 낮아지고 풍토화되는 엔데믹 상황이 되어도 크게 변하지 않을 것으로 보인다. Z세대를 밀레니얼 세대와 비슷한 세대쯤으로 간과한다면 소통하고 리더십을 발휘하는 데 어려움이 더 심해질지도 모른다. 선배라면 지금까지와는 다른 리더십이 필요하다. 여기서는 Z세대와 함께하는 선배 세대에게 요구되는 바람직한 리더십에 대해 나눠볼까 한다.

"21세기를 이끌어 가는 영혼들을 20세기 패러다임으로 관리할 수 있을까?"

저자가 세대를 연구하면서 던지는 일종의 '최종 질문Final Question'
이다. Z세대는 21세기에 태어난 첫 세대 아닌가? 과거 선배 세대
에게 통용됐던 수직적인 성격의 리더십은 유통 기한이 다 됐다.
후배들이 잠재력을 발휘할 수 있도록 리더십의 관점 전환이 필요
한 시점이다. 고대 카르타고의 군사 지도자 한니발은 부하와 똑
같은 밥을 먹고 똑같은 잠자리에 들고 똑같이 싸웠다고 한다. 리
더에게는 현장에서 부하와 함께 부대끼며 공존하는 수평적 리더
십, 즉 공감과 소통의 리더십이 요구된다. 리더라면 다음의 6가지
계명을 상기할 것을 권한다.

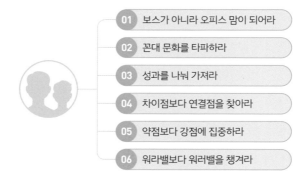

Z세대와 함께하는 리더의 6계명

01 보스가 아니라 오피스 맘이 되어라
02 꼰대 문화를 타파하라
03 성과를 나눠 가져라
04 차이점보다 연결점을 찾아라
05 약점보다 강점에 집중하라
06 워라밸보다 워러밸을 챙겨라

계명 1. 보스가 아니라 오피스 맘이 되어라

잘나가는 S사 김 차장은 업무 성과도 좋지만, 자신만의 직원 관리 비법으로 젊은 후배들과 관계까지 좋다. 그는 부서원 동기 부여의 일환으로 매달 2명의 우수 부서원을 선정한다. 선정된 부서원의 배우자와 부모님께 자필 손 편지와 정성을 담은 선물을 전달한다. 김 차장에 대한 부서원들의 반응과 신뢰는 남다르다. 이렇듯 Z세대는 엄마처럼 섬세하고 감성적이며 가슴 따뜻한 리더를 선호하고 따른다.

또한 취업 플랫폼 잡코리아가 취업 준비생 506명을 대상으로 '함께 일하고 싶은 상사 유형'에 대해 설문 조사를 진행했다. 당시 Mnet 인기 예능 프로그램이었던 〈스트릿 우먼 파이터〉에 등장하는 리더를 보기로 제시했다. 결과는 실무 능력도 뛰어나지만, 수용적인 면을 갖춘 중간 관리자형 리더인 '허니제이 형'을 1위로 꼽았다.[31] 선배 세대에게 시사하는 바가 있다. 쉽게 말해 리더는 Z세대에게 수용적인 리더가 되어야 한다는 것이다.

"누가 당신의 오피스 맘인가(Who's Your Office Mom)?"[32]

세계 최대 일간지 중 하나인 월스트리트저널에서 위 제목의 흥미로운 기사를 낸 적이 있다. 기사에서 오피스 맘이 등장하는데, 포근한 왕언니 같은 사람으로 소개했다. 오피스 맘은 직원의 생일을 기억하고 생일 축하 노래를 가장 크게 불러 주며 휴지와 상비약을 준비하고 조언해 주는 사람, 그리고 마치 엄마 같고 터프하게 챙겨 주는 나이 많은 동료, 관심을 받는 직원에게 열심히 일하도록 독려하는 멘토 같은 사람으로 정의한다.

오피스 맘은 Z세대에게 이상적인 리더상이다. 왜일까? Z세대는 생애 주기에서 항상 주변에는 엄마, 교사, 학원 선생님 등 멘토 같은 존재가 있었다. 그들은 Z세대에게 학업은 물론 다양한 고민을 상담할 수 있는 멘토였다. Z세대는 회사에서도 멘토 역할을 할 수 있는 리더를 기대한다. 오피스 맘은 그런 리더상에 근접한 모습이라고 할 수 있다.

"그동안 내가 모시던 상사는 정반대의 권위적인 리더였고, 그런 상사를 힘들게 모시면서 이 자리까지 왔는데, 이제 역할을 바꾸라고?"라며 억울한 마음이 들 수 있을 것이다. 하지만 기억하자. Z세대는 부모에게 존댓말보다 반말하는 것에 익숙하고, 먹고 싶은 게 있으면 부모가 양보하는 가족 문화 가운데서 성장했다. 그들은 부모뿐 아니라 조부모에게도 사랑을 듬뿍 받고 자란 세대다. Z세대에게 이상적인 리더는 모셔야 하는 존재라기보다는 부모처럼 나를 돌봐주며 챙겨 주는 사람이길 바란다.

그렇다면 과거에 비해 리더에게 기대하는 역할이 커진 것은 무슨 이유 때문일까? 줄어든 출산율과 함께 작아진 학급이 영향을 미쳤다. Z세대 학창 시절에는 학급 당 학생 수, 초등 교원 1인당 학생 수가 선배 세대에 비해서 많이 줄었다. 오전 오후 반으로 나눠야 할 정도로 학생이 많던 선배 세대일수록 선생님과 부모님의 관심에서 멀 수밖에 없었다. 이에 반해 Z세대는 주변 어른들로부터 많은 관심을 받았으며, 애착을 가지고 조력자 역할을 해 줄 누군가가 늘 가까이 있었다.

학급 및 초등 교원 1인당 학생 수 추이[33]

구분(년)	학생 수(명)	
	학급 당	초등 교원 1인당
1960	62.1	56.9
1970	62.1	56.9
1980	51.5	47.5
1990	41.4	35.6
2000	35.8	28.7
2010	26.6	18.7
2020	23.1	16.5

언젠가 둘째 딸에게 아빠가 학창 시절에 선생님께 매 맞은 얘기를 꺼낸 적이 있다. 대뜸 "아빠, 경찰에 신고했어야지."라며 발끈하는 것이었다. 딸로서는 이해가 안 됐을지 모른다. Z세대는 학생 인권 조례의 영향으로 체벌이라는 것을 여간해서는 경험하지 않은 세대다. 오히려 그들은 칭찬에 익숙한 시스템 가운데 성장했다. 이런 그들에게 과거 질책 일변도의 방식을 고집하고 적

용하는 것이 통할 리가 있겠는가?

학창 시절 체벌이 일상이던 선배 세대에게 오피스 맘 역할을 하라고 하면 난감하고 어색할 수 있다. 하지만 Z세대는 선배와 다른 세대라는 것을 인식하고 선배로서 역할 전환을 고심해야 한다. Z세대는 엄마처럼 따뜻하고 수용적인 오피스 맘Office Mom, 친절한 선생님 같은 오피스 교사Office Teacher 역할을 하는 리더를 요구한다. 그동안 선배 세대에게 통용됐던 리더십이 지시와 명령의 수직적인 느낌의 '파더십Fathership'이었다면, Z세대 후배에게는 감성적이고 디테일한 수평적인 '마더십Mothership' 내지는 '맘 리더십Mom Leadership'이라고 할 수 있다.

Z세대는 세심한 도움이 필요하다는 사실을 재차 강조한다. 마치 부모가 자식을 대하듯 말이다. 밀레니얼 세대에게 '치어리더'의 역할이 요구됐다면, Z세대에게는 '심리 치료사', '인생 상담사' 나아가 '부모'와 같은 선배가 필요하다. 선배 세대에게 통용됐던 주인 의식을 Z세대에게는 기대하지는 말자. 그들은 특권 의식이 있다. 국가와 조직의 일을 내 일처럼 여기며 주인 의식을 발휘해야 했던 시대는 이미 지났다. 사실 사람은 누구나 주인 의식보다는 이기심으로 일한다. 애덤 스미스는《국부론》에서 사람은 자비심이 아니라 이기심으로 일한다고 하지 않았는가.

"우리가 저녁 식사를 기대할 수 있는 건 푸줏간 주인, 양조장 주인,

빵집 주인의 자비심 덕분이 아니라 그들의 돈벌이에 대한 관심 덕분이다. 우리는 그들의 박애심이 아니라 자기애에 호소하며, 우리의 필요가 아니라 그들의 이익만을 그들에게 이야기할 뿐이다."

계명 2. 꼰대 문화를 타파하라

유재석이 진행하는 tvN 프로그램 〈유 키즈 온 더 블록〉에 Z세대가 등장한 적이 있다. 꼰대와 어른의 차이를 묻는 말에 "어른이 되면 꼰대가 된다."라며 촌철살인의 답을 한다. 그들의 시선에는 나이 든 선배는 모두가 꼰대다. Z세대가 조직에 들어와 경험하게 되는 문화는 그야말로 꼰대 문화나 진배없다. 그들에게 서열은 숨이 턱 막힐 정도로 답답할 것이다. 여기에 꼰대 상사까지 만난다면 어떨까? 아뿔싸! 퇴사 생각이 절로 들 것이다. Z세대는 과거 선배들처럼 인내심을 발휘하지도 않는다.

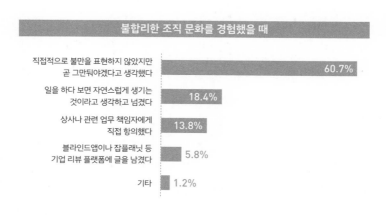

불합리한 조직 문화를 경험했을 때

직접적으로 불만을 표현하지 않았지만 곧 그만둬야겠다고 생각했다	60.7%
일을 하다 보면 자연스럽게 생기는 것이라고 생각하고 넘겼다	18.4%
상사나 관련 업무 책임자에게 직접 항의했다	13.8%
블라인드앱이나 잡플래닛 등 기업 리뷰 플랫폼에 글을 남겼다	5.8%
기타	1.2%

취업플랫폼 잡코리아에서 실시한 설문 조사에 따르면, "불합리한 조직 문화를 경험했을 때 어떻게 하겠는가?" 라는 질문에 '직접적으로 불만을 표현하진 않았지만, 곧 그만둬야겠다고 생각했다'라는 응답이 60.7%로 나타났다.[34] 후배 세대는 자신의 업무 범위 이상으로 일해 승진이나 더 많은 급여나 혜택을 받는 허슬 문화Hustle Culture를 거부한다. 이런 현상을 반영한 것이 '조용한 사직Quiet Quitting'이다. 주어진 일 이상을 해야 한다는 생각을 그만두고 최소한의 일만 하겠다는 의미의 신조어다. 실제 미국은 '대사직 시대The Great Resignation'라고 일컬어질 만큼 사직 인구가 급증하고 있다.

생각보다 수직적인 꼰대 문화는 여전히 심각하다. 한길리서치에서 조사한 바에 따르면, 우리나라 꼰대 문화에 대한 평가에서 국민의 72.4%가 심각하다고 인식하고 있었다.[35] 요즘 젊은 후배들이 생각하는 입사가 후회되는 회사 1위는 단연 꼰대가 많은 수직적인 회사다.[36] 그렇다면 Z세대가 원하는 이상적인 조직의 문화는 어떤 모습일까? 관계로 끈끈하게 연결된 가족 같은 회사가 아니다. '수평어'같은 프로그램을 즐기고 '반모방반말 써도 되는 방'을 만들어 소통하는 그들이 생각하는 조직은 다름 아닌 '수평적인 조직'이다. 영어 이름, OO씨, OO님 등으로 호칭을 부르고 자리 배치를 바꾸고 보고 체계를 단순화한다고 해서 수평적 조직 문화가되는 것은 아니다. 기본적으로 조직 내 자율, 신뢰, 존중의 문화가 정착되고, 구성원이 심리적 안전감을 느낄 수 있는 업무 환경을 조성해야 한다. 무엇보다 구성원이 공통으로 합의한 가치관이 전제되어야 한다.

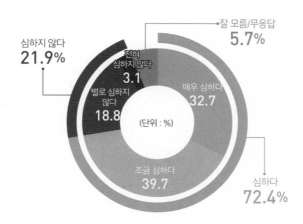

우리 사회의 꼰대 문화 평가

잘 모름/무응답
5.7%

심하지 않다
21.9%

전혀
심하지 않다
3.1

별로 심하지
않다
18.8

매우 심하다
32.7

(단위 : %)

조금 심하다
39.7

심하다
72.4%

조직 문화도 서서히 세대 교체가 이뤄지고 있는 듯하다. 그 중심에 Z세대가 있다. 국민대 경영대학 백기복 명예 교수는 Z세대 직원의 목소리가 커지면서 최근 '영리한 까치 문화'로 바뀌고 있다고 진단한다. 그에 따르면 과거 90년대 말은 폭력적 상사와 수긍하는 부하 간 상명하복 시스템에서는 좋으나 싫으나 조직에서

버틸 수밖에 없는 '야생적 맹수 문화'였다. 또 2010년대는 기계처럼 일 중심으로 살면서 모든 결과를 숫자로 증명해야 하는 '쉬지 않는 꿀벌 문화'였다고 함축한다.[37] 당신은 지금 어느 시대의 마인드로 살고 있는가? 현시대를 쫓아가기도 버거운가? 과거에 미련을 두며 마인드 변화엔 거북이걸음인 당신에게 소프트뱅크 그룹의 창업자인 손정의는 말한다.

"다음 시대를 먼저 읽고 시대가 쫓아오기를 기다려라."

그럼 이 시대에 맞는 조직은 어떤 모습이어야 할까? 맥킨지에 따르면 변화에 적응력이 좋은 글로벌 리딩 기업이 지니는 5가지 특징에서 힌트를 얻을 수 있다. '조직 전체의 공유된 비전', '권한위임 된 팀의 네트워크', '빠른 의사 결정과 학습 사이클', '열정을 일으키는 역동적인 사람 중심 모델', '차세대 기술의 활용' 등이 그것이다.[38] 지금 우리 조직은 과연 몇 개나 해당하는가 점검해 보라. 최근 우리나라 기업들에서는 일하는 방식의 혁신에 대한 논의가 활발하다. 하지만 국내 100개 기업 중 77%가 글로벌 기업 대비 하위권에 속하는 수준이라고 한다.[39] 남성 중심 조직 문화, 비효율적인 회의 및 보고, 불필요한 야근 등이 여러모로 걸림돌이 되고 있다. 이제 조직의 성장에 발목을 잡고 있는 꼰대 문화를 타파해야 하지 않겠는가?

계명 3. 성과를 나눠 가져라

"Z세대는 불의는 참아도 불이익은 못 참는다."

M사 이 부장이 워크숍 중 함께하는 Z세대에 대해 밝힌 소회다. 조직에서 리더들이 골머리를 앓고 있는 주제 중 하나가 평가다. 흔히 하는 표현으로 '1도' 손해를 보지 않으려는 후배들 때문이다. 리더는 '공정한 평가자' 내지는 '냉철한 심판자'가 되어야 하는 상황이다. 공정에 민감한 Z세대에게는 더욱 그렇다. Z세대의 예민한 더듬이에 불공정이 감지되기라도 하면 블라인드나 사내 SNS, 인트라넷에 금방 불만의 글이 도배될 것이다. 그들의 수동적 공격성에 피해자가 되기 싫다면, 리더는 최대한 공정하게 판단하려고 힘써야 한다. Z세대는 밀레니얼 세대보다 평가의 공정성에 더 예민하기 때문이다.

워크숍 도중 한 Y사 박 차장이 본인 경험을 털어놓은 적이 있다. 그는 자신의 부서에서 의미 있는 성과가 나면 윗선에 보고할 때 함께 수고하던 공로가 큰 후배 직원들의 이름을 들어가며 잘한 점을 일일이 PR한다고 했다. 박 차장 같은 상사를 둔 후배는 행운이다. 후배가 이 사실을 간접적으로 듣게 된다면 어떤 마음이겠는가? 그 리더에 대한 존경심이 절로 생길 것이다. Z세대가 존경하는 리더는 성과를 나눠 갖는 리더다.

저자도 좋은 리더를 모신 비슷한 경험이 있다. 프로젝트가 잘 마무리돼 표창장을 전달하고 싶다며 고객사에서 연락이 왔다. 박 팀장께 상황을 전했고, 그는 망설임 없이 "허 수석이 PMProject Manager으로 수고했는데 허 수석이 받아야지."라고 당연한 듯 얘기했다. 사실 프로젝트의 총괄 PM은 박 팀장이어서 얼마든지 자신이 받을 수도 있었다. 하지만 후배에게 공을 넘긴 것이다. 함께하는 선배가 박 팀장 같은 리더라면 존경하고 따를 만하지 않겠는가?

성과를 나눠 갖는 리더는 한 마디로 공정하면서도 성품이 좋은 리더다. Z세대가 원하는 리더상이다. 리더라면 이 점을 명심했으면 한다. tvN 프로그램 〈그때 나는 내가 되기로 했다〉에서 아기띠를 만드는 C사가 소개된 적이 있다. 프로그램의 한 장면이 인상적이었다. 회사에서 만든 제품이 세계 3대 디자인 어워드의 하나인 레드닷Reddot에서 본상을 받게 된 것이다. 그런데 대표는 함께 개발에 참여했던 여직원을 공동 수상자에 포함했다. 해당 직원은 뒤늦게 이 사실을 알게 되었고 대표의 배려에 감동해서 눈물을 흘렸다. 맞다. Z세대가 원하는 리더는 공을 독식하는 것이 아니라 성과를 나눠 갖는 리더다. Z세대뿐 아니라 모든 직원이 원하는 존경할 만한 리더의 모습이다.

계명 4. 차이점보다 연결점을 찾아라

요즘 취준생이나 입사 지원자들은 일자리가 부족하다고 난리 라지만, 정작 좋은 인재에 목마른 기업으로서는 탐나는 좋은 인 재를 뽑기 힘들다고들 하소연한다. 이런 상황에서 어렵사리 신입 을 맞은 L사 채용담당자가 한숨을 쉬며 이런 얘기를 했다.

"신입 교육이 끝날 무렵 갑자기 문자로 퇴사를 통보하는 데 어리둥 절했어요."
"또 한 번은 새로 채용한 인턴이 첫 출근 날인데 연락도 없이 감감 무소식인 거예요. 전화했더니 연락 두절이더라고요."

Z세대의 심장 박동

MY HEART

Resting 평상시	
Exercising 운동할 때	
Making Enquiries by Phone 전화 받을 때	

요즘에는 연인에게 이별 통보하는 데도 문자를 보내는 마당에 이런 상황이 일견 대수롭지 않은 일일 수도 있다. 젊은 세대일수록 직간접적으로 타인과 연결되는 것에 부담을 느낀다. 오죽했으면 '전화 공포증Phonophobia 세대'라는 말이 있겠는가. Z세대는 밀레니얼 세대보다 연결에 대해 더 불편함을 느낀다. 이런 Z세대에게 선배 세대와의 차이점을 찾는 데만 집중한다면, 그들에게 제대로 된 리더십을 발휘하는 것은 요원한 일이 될 것이다. 좋은 리더는 Z세대와의 차이점보다는 연결점을 찾으려고 힘써야 한다. 리더가 신경 써야 하는 연결점은 다음의 3가지가 있다.

첫째, 리더는 Z세대와 선배 세대를 연결해야 한다. 이는 Z세대를 선배 세대와 연계하는 것인데, 일종의 매개자 역할을 의미한다. 연결에 불편함을 느끼는 Z세대에게 적절히 선배 세대와 접점을 만들어 주는 것이다. 그동안에는 X세대가 상하 간 다리 역할을 주로 해왔다. 하지만 이제는 밀레니얼 세대가 그 임무를 이어받을 차례다. 80년대에 태어난 밀레니얼 세대는 이미 조직에서 중간 관리자로 새로운 리더십을 도전받고 있다.

둘째, 리더는 Z세대가 조직에 적응하고 성장할 수 있도록 전문가를 연결해야 한다. Z세대에게 해당 분야 전문가나 문제 해결자를 연결하는 것은 실질적인 조직 적응을 돕는 데 효과적이다. 멘토를 연결해 주는 셈이다. 리더가 직접 다 해내지 못하는 역할을 대신 수행해 줄 사람이다. 또 도움이 되는 세미나, 교육프로그램,

자격증 등의 학습 기회를 연결하는 것도 빼놓을 수 없다.

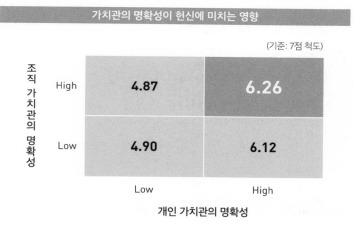

가치관의 명확성이 헌신에 미치는 영향

(기준: 7점 척도)

	Low	High
High	4.87	6.26
Low	4.90	6.12

조직 가치관의 명확성

개인 가치관의 명확성

셋째, 리더는 조직의 비전과 Z세대 직원의 비전을 연결해야 한다. 한 연구에서도 조직의 비전이 명확하고 직원의 비전이 구체적일수록 직원이 조직에 헌신할 가능성이 높다고 한다.[40] 물론 개인 비전이 명확한 직원을 채용 또는 영입하면 금상첨화겠지만, 그게 쉬운 일인가? 현실적인 방법은 소속 부서나 조직의 비전과 직원의 비전을 명확히 하는 것이다.

계명 5. 약점보다 강점에 집중하라

미국 심리과학회에서 연구한 바에 따르면, 피겨 스케이팅 김연아 선수처럼 탁월한 선수가 성공하는 데 있어서 노력이 차지하는 비중은 18%에 불과했다. 교육은 4%, 음악은 21%, 게임은 26%로 나타났다. 사람은 각자 타고난 달란트Talent가 분명히 있게 마련이다. 리더의 역할은 구성원의 바꾸기 힘든 단점보다는 타고난 강점에 집중하면서 부서의 시너지와 팀 케미Team Chemistry를 극대화하는 것이다.

성과에서 노력이 차지하는 비중

(단위: %)

게임
26
74

음악
21
79

스포츠
18
82

교육
4
96

■ 노력 ■ 선천적 재능 등   * 자료: 미국 심리과학학회

컨설팅 프로젝트 수행 중 H사 김 상무를 인터뷰했을 때 일이다. 회사를 옮긴 지 얼마 안 된 상황이었다. 그는 부서 직원들이 전문성에 태도까지 좋다며 고마워했다. 직원들과의 만남에서 리더로서 자신이 어떤 역할을 해 줬으면 좋겠는가 하는 질문에 "우산이 되어주세요."라고 했다고 한다. 그래서 김 상무는 스스로 '우산 프로젝트'라고 부르며, 직원들에게 어떻게 해 줘야 할지 고민 중이었다. 이왕이면 직원들이 가슴 두근거리며 일하게 하고 싶다며 꾸준히 대화하고 타운홀 미팅을 한다고 했다. 멋진 리더였다. 딱히 전할 얘기는 없었다. 이미 잘하고 있었으니 말이다. 잘하고 계신다고 격려했다. 그리고 팀원의 강점과 특성을 파악하는 방법으로 각종 유형 진단 도구를 활용할 것을 권했다. 직원들의 성향, 특성을 파악해보고 잠재력과 역량을 극대화할 수 있는 방법을 찾아보면 좋을 것 같다고 말이다.

리더는 바꾸기 힘든 구성원의 단점 때문에 스트레스받기보다 후배의 장점을 찾고 강화하는 데 에너지를 쏟는 것이 더 현명하다. 강점 이론가인 도널드 클리프턴에 따르면, 성공한 사람들은 재능과 성격에 맞지 않는 약점에 에너지를 낭비하지 않는다. 대신 강점을 최대로 활용하는 법을 깨닫고 실천하는 데 집중한다고 한다. 리더는 구성원의 약점과 단점에 에너지를 뺏기는 '약점 발견자'가 아니라 최고의 팀을 그리면서 자신과 구성원의 강점을 찾는 '강점 발견자'가 되어야 한다.

계명 6. 워라밸보다 워러밸을 챙겨라

2018년 7월부터 주 52시간 근무제가 단계적으로 시행되었지만, 아직도 많은 리더가 여전히 야근에 주말 근무까지 하는 경우가 적지 않다. 여느 회사든 퇴근 시간이 지나도 창가 쪽 자리에 앉아 자리를 지키는 리더들을 어렵지 않게 볼 수 있다. 이유인즉, 상당수 리더가 후배에게 업무를 맡기지 못하고 직접 붙들고 있어서다. X세대까지는 임파워먼트, 즉 권한 위임이 미덕이었다. 하지만 세대가 바뀌면서 이젠 여의찮아졌다. 밀레니얼 세대는 물론 Z세대가 합리적이지 않다는 이유로 야근이나 주말 근무를 내켜 하지 않는다. 그래서 많은 리더가 후배들 워라밸 챙기느라 정작 자신의 워라밸은 뒷전이다.

하지만 숙고해볼 일이다. 후배에게 워라밸을 챙겨 주는 것이 과연 좋은 리더의 역할인지 말이다. 이런 리더는 좋은 리더라기보다는 착한 리더라는 표현이 적합할 듯하다. Z세대가 진정 원하는 리더는 '워러밸'을 잘 챙겨 주는 리더다. 일과 학습의 균형Work Learning Balance 말이다. 미래 지향의 특성을 가진 Z세대는 미래에 대한 막연한 불안이 있다. 그들이 원하는 것은 워라밸, 높은 연봉, 복지보다 개인의 성장과 발전이다. Z세대는 배울 게 많은 어른을 존경하는 것도 이런 연유다. 그들의 성장과 역량 향상을 돕는 리더가 진정 바람직한 리더다.

나아가 좋은 리더는 후배를 부리기만 하기보다는 쉼과 배움을 제공한다. 적당한 쉼과 배움 가운데서 탁월함이 나오기 때문이다. 탁월한 리더는 함께하는 사람에게 쉼을 얻도록 배려한다. 그리고 쉼보다 중요한 것이 배움이다. 배움에서 쉼이 나오기 때문이다. 특히 배움은 육체의 쉼보다 마음의 쉼을 가져다준다. 당신은 Z세대 후배에게 어떤 리더인가? '워라밸Work Life Balance'보다는 '워러밸Work Learning Balance'을 챙기는 리더가 되길 권한다.

> "내게 배우라 그리하면 너희 마음이 쉼을 얻으리니."
>
> -《성경》마태복음 11장 29절 -

리더에게 필요한 6가지 계명을 살폈다. Z세대의 특징이 다른 것처럼 다른 리더십이 필요하다. 그동안 통했던 리더십이 Z세대에게는 먹히지 않을 수도 있다고 생각해야 한다. Z세대가 리더에게 기대하는 리더십은 과거와 사뭇 구별되기 때문이다. 다른 차원의 맞춤화된 리더십을 요구한다. 그만큼 Z세대가 다르고 개인화가 심화하였기 때문이다. 이제 리더는 개인화Personalization되고 개별화Individualization된 Z세대에 맞춰 리더 본인도 자신의 강점과 장점을 살린 맞춤형의 리더십을 발휘해야 한다. 리더십에 대한 더 깊은 숙고와 함께 자신의 색깔에 맞는 리더십 스타일을 찾는 성찰이 필요하다.

Z세대 때문에 목덜미를 잡는 순간

Z세대의 조직 합류가 본격화되고 있다. 그래서인지 현장에서 이들을 맞이하는 선배들을 만나 대화하다 보면 복잡한 속내를 확인할 수 있다. 그들이 얘기하는 Z세대의 모습은 정말 천태만상이다. 선배 세대와 다른 그들의 모습을 보면서 목덜미를 잡을 때가 한두 번이 아니다. 강의와 컨설팅을 하면서 만나는 선배 세대에게 꼭 확인하는 것이 있다. 조직에 합류하는 후배들과 함께하면서 겪는 고민이 그것이다. Z세대 후배에 대한 선배들의 가장 대표적인 고민을 다음의 6가지로 요약해본다.

고민 1. OT 싫어하고 정시 출퇴근한다

A사 김 팀장은 팀원들 월간 출근 시간을 보고 놀랐다. 막내 사원의 근무 시간이 규정 시간을 딱 맞춘 것이다. 정확히 2분을 초과했을 뿐이었다. 다른 팀원들은 몇 시간에서 수십 시간 초과 근무를 한 것과 비교됐다. 주말 근무와 야근이 일상이던 선배 세대에 비하자면, 후배 세대는 주말 근무, 야근을 기피한다. 밀레니얼 세대보다 Z세대는 더하다. 그래서 선배들의 고민이 깊다. 일을 시킬라치면 유연근무로 아직 출근하지 않았거나 퇴근하고 없다. 선배는 속이 타지만 출퇴근 시간을 지키는 그들을 설득할 논리나 마음의 강단이 빈곤하다.

베이비붐 세대만 하더라도 주말 근무와 야근이 일상이었다. 그들은 산업화의 역군들이었다. 새마을 운동이 한창이던 시절, 그야말로 국가와 민족을 위해서 내 한 몸 헌신하며 근면, 자조, 협동의 세 가지 기본 정신을 몸소 실천한 세대다. X세대는 주니어로서 시니어인 그들과 함께 일했다. 눈 딱 감고 호기롭게 정시 출퇴근하면서 일과 삶의 균형을 추구할 수 없었다. 다만 내가 선배가 되면 적당히 삶도 챙기면서 살아야지 하며 마음으로 되뇌었다. 밀레니얼 세대부터는 비로소 삶으로 무게 중심이 바뀌기 시작했다. Z세대는 그 연장선에 있다.

일과 삶에 대한 세대 간 관점의 차이는 무엇 때문에 발생하는 것일까? 바로 영향을 받은 '시대'가 달랐기 때문이다. 세대마다 일과 삶을 바라보는 관점이 다른 건 당연한 일이다. 산업화나 정보화 시대를 기준으로 지금 시대를 판단할 수는 없는 것이다. 선배 세대와는 다른 세대 경험을 한 Z세대에게 정시 출퇴근은 그들 입장에서는 당연한 권리다.

고민 2. 시키는 일만 하고 허드렛일은 하지 않는다

S사 김 팀장은 고민이다. 무엇보다 박 사원의 업무를 대하는 태도가 눈엣가시다. 최근에 새로운 업무를 지시했다. 그는 투덜거리며 주위 동료에게 불만을 표시하면서 팀 분위기를 해치고 업무 품질은 기대 이하였다. 납기에 쫓기는 김 팀장으로서는 팀원이 업무 범위를 확장하고 완성도를 더 높였으면 하지만, 유독 박 사원은 시큰둥하다. 김 팀장은 반 체념한 듯 말했다.

"직원이 아니라 알바랑 일한다는 느낌이 들어요. 이러다 보니 일 잘하거나 잘 따르는 후배, 나를 멀리하는 후배를 차별하지 않을 수가 없어요."

선배 세대가 가장 빈번하게 토로하는 고민은 Z세대 후배는 그야말로 "딱 시키는 일만 한다."라는 것이다. 과거에 당신이 주니어일 때는 하나를 얘기하면 그 이상 했다며 말이다. 어디 그뿐인가? Z세대에게 허드렛일 맡기기도 망설여진다. 대놓고 싫은 내

색을 하면서 거절 의사를 명확하게 밝히는 후배도 경험했기 때문이다. 이래저래 당돌하게 느껴지는 Z세대와 함께 일하는 선배들은 본의 아니게 점점 말수가 줄어든다. 업무 지시를 할라치면 일일이 설명하고 납득시켜야 하기에 여간 피곤한 일이 아니다.

왜 Z세대는 시키는 일만 하는 것일까? 학창 시절부터 입시 때문에 학원은 물론 대부분의 활동이 빠듯하게 짜여 있었다. 방과 후 주도적으로 뭔가를 한다는 게 흔치는 않았다. 성적이나 스펙을 쌓는 데 도움이 되는 것만 챙기는 데도 시간이 부족했다. 회사에 들어와서도 시키는 일만 수동적으로 하는 것이다. 그러면 왜 허드렛일은 하지 않으려는 것일까? Z세대는 어려서부터 허드렛일은 대부분 부모가 대신했다. 수행 평가 과제마저도 부모가 당신의 과제인 마냥 며칠을 매달려 해결해 주기 일쑤였다. 학교에서 화장실 청소를 하고, 집에서 설거지 등 집안일을 돕는 것이 일상이던 선배 세대 경험으로 Z세대를 보면 곤란하다.

고민 3. 평가의 공정성에 예민하다

선배 세대가 Z세대와 함께하면서 가장 고민하는 것 중 하나로 '평가의 공정성' 이슈를 빼놓을 수 없다. Z세대가 평가에 매우 민감하기 때문이다. 상대 평가를 할 수밖에 없는 인사 평가자로서는 평가의 공정성 때문에 골머리를 앓는다. 평가 점수가 납득이 안 된다며 근거를 물으며 추궁하는 후배들로 평가 시즌이 되면 선배들은 머리가 아프다. 선배들이 하나같이 얘기하는 것은 후배들이 능력보다 높게 평가받기를 원하며, 역량에 비해 자신을 과대평가한다는 점이다. 대략 난감한 건 평가에 도움이 되지 않는 일은 노골적으로 꺼린다는 것이다.

Z세대가 평가에 민감하다는 것은 대학에서도 마찬가지다. 주관성이 개입될 수밖에 없는 서술형 문항의 경우 학생들이 교수에게 평가의 기준을 꼼꼼하게 따지는 것은 기본이다. 그래서 교수로서는 논란을 없애기 위해 서술형 문제는 줄이고 단답형이나 선다형 문항을 출제하게 된다는 게 주변 교수들의 전언이다. 평가의 공정성에 예민한 Z세대에게 일한 만큼 공정한 평가와 대우는 기본에 기본이다. 평가 방식에도 변화가 필요해 보인다.

세대 별로 합리적이라고 생각하는 평가 방식이 다르다. Z세대는 기업 전체나 소속 팀과 부서보다는 개인의 매출과 실적으로 평가받기를 원한다. 개인 단위의 평가가 더 객관적이고 정확하다고 판단하기 때문이다. 따라서 Z세대가 평가에 대한 수용성을 높이도록 성과 평가 방식을 개인화하는 방안을 고민해야 한다. 집단성이 강한 선배 세대와 비교해 Z세대는 개인성이 강한 세대다. 선후배 세대 간 특성에 맞게 평가 방식도 변화가 필요함은 당연하다.

(단위: %)

구분	Z세대	밀레니얼 세대	X세대	베이비붐 세대
소속 팀, 부서의 매출·실적 평가	16.3	26.1	27.4	30.5
소속 팀원 간의 상호 평가	24.4	25.6	22.9	24.7
개인의 매출·실적 평가	36.0	24.1	25.8	17.6
기업의 매출·실적 평가	15.1	13.5	18.4	19.2
소속 팀장의 평가	8.1	10.8	5.6	7.9

평가에 대한 세대 간 인식 변화의 반증으로 2021년부터 평가의 공정성과 관련된 뉴스가 빈번히 등장한다. 예컨대 네이버와 카카오 등 많은 회사에서 매출과 수익이 급성장했음에도 직원들의 급여는 그대로라며 제기한 성과급 논쟁이 그것이다. 이런 현상의 배경에는 학생부 종합 전형, 생활기록부로 학창 시절 내내 과정을 철저히 평가받은 세대 경험이 저변에 깔려 있다. 그뿐 아니다. Z세대는 칭찬받는 것에 익숙한 환경에서 성장했다. 학교나 학원, 도장, 스포츠클럽 등 어디를 가든지 칭찬 스티커가 있었다. 선배 세대보다 칭찬에 후한 칭찬 인플레이션 환경에서 나고 자랐다.

그럼 평가를 어떻게 해야 할까? 요즘 평가 트렌드는 평가를 없애는 것이다. 하지만 갑자기 평가를 없애기 쉽지 않다. 그렇다면 Z세대가 납득할 수 있도록 평가 지표를 구체화해서 성긴 부분을 최소화하는 노력을 해야 한다. Z세대는 납득이 안 되는 불이익에 대해서는 민감하기 때문이다.

고민 4. 회색 지대(Gray Zone) 업무나 돌발 업무를 꺼린다

조직에서 발생하는 업무라는 게 명확하게 구분되지 않는 업무가 있게 마련이다. 선배는 이런 부서 내 혹은 부서 간 구분이 모호한 회색 지대Gray Zone 업무를 갈등 없이 잘 조율해야 한다. 그런데 선배들은 이런 업무를 처리하는 데 애로점이 많다. 애매한 회색 지대의 업무를 기피하는 후배 때문이다. 손해를 보지 않으려는 Z세대 직원의 입장을 설득하는 게 여간 신경 쓰이고 에너지가 소모되는 게 아니다.

그뿐 아니다. 예고 없이 갑작스레 떨어지는 야간, 주말 긴급 업무 대응은 더 골치다. 개인 시간이 중요한 Z세대는 이런 업무에 민감하게 반응한다. K사 심 부장과 대화를 나누던 중 흥미로운 얘기를 들었다. 그는 이런 상황이 발생하면 후배들에게 협의해서 알아서 해결하라고 일임해버리곤 한다고 했다. 그럼 어떻게든 그 일이 처리되더라는 것이다. 그래도 이 정도면 양호하다. 많은 선배가 이러지도 저러지도 못하고 본인이 직접 처리하는 경우가 다반사이기 때문이다.

그럼 이렇게 Z세대가 회색 지대 업무나 돌발 업무를 꺼리는 이유는 무엇일까? 예의나 버릇이 없어서가 아니다. 우선 잘 해낼 것이라는 자신감이 없고 두렵기 때문이다. 또 손해 보는 것 같아 꺼린다. 여기에 업무 지시까지 명확하지 않다면 더더욱 자기 일이라고 생각하지 않을 것이다. 직원에게 일의 자초지종을 잘 설명하고 명확하게 지시하는 게 필요한 이유다.

고민 5. 회사 일정보다 개인 일정이 우선이다

D사 이 부장에게는 손이 모자랄 정도로 부서 업무가 넘친다. 위에서는 언제 일이 마무리되느냐며 납기를 계속 재촉한다. 과장급 경력자 2명의 정원T/O을 인사 부서에 요청해놓은 상태지만 함흥차사다. 납기에 쫓겨 부서원들은 몇 주째 야근이다. 그는 고민이 생겼다. 이 와중에 입사 1년 차인 백 사원의 휴가가 다음 주부터다. 내심 휴가를 미뤘으면 하지만 연초에 잡은 휴가라 그런 얘기를 꺼내기가 망설여진다. 백 사원을 불러 부서 상황을 얘기하고 휴가를 미뤘으면 한다고 어렵사리 말문을 열었다. 백 사원은 당황했다. 몇 달 전부터 절친들과 국내 여행을 계획하고 있었기 때문이다.

휴가를 내는 게 직원의 당연한 권리지만, 이 부장으로서는 내심 휴가를 미뤘으면 했다. 이런 상황일 때 본인은 피치 못할 상황이 아니라면 휴가를 미뤘었기 때문이다. 이렇듯 Z세대는 휴가뿐 아니라 회식, 워크숍 등 회사 일정과 개인 일정이 충돌할 때면 선배들의 바람과 달리 대부분 개인 일정을 우선시해 의사 결정한다. 선후배 세대 간 이런 생각의 차이는 어디서 오는 것일까?

여기서 또 등장하는 것이 후배 세대의 개인성과 선배 세대의 집단성 간의 대립이다. 이는 디지털 시대가 가속화되면서 더욱 심해졌다. 스마트 기기의 영향으로 정보가 보편화되고 일부 채널에 집중되던 정보 주도권이 개인에게 넘어가면서 누구나 주인공이 되는 개인의 시대가 열렸다. 선배 세대는 후배 세대가 개인주의 성향이 강하다며, 후배 세대는 선배 세대가 조직 중심 경향이 강하다며 세대 차이를 호소한다. 회식에 관한 생각의 차이가 대표적인 예다. 선배 세대는 팀워크와 화합을 명분으로 삼지만, 상대적으로 후배 세대는 회식으로 개인 시간을 빼앗기는 것이 불편하다.

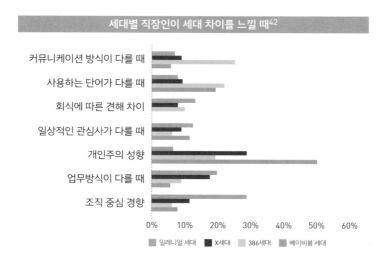

"동양과 서양의 문화가 서로의 문화를 수용하여 중간쯤에서 수렴될 것이다."

시카고대 심리학과 리처드 니스벳 교수는 책《생각의 지도》에서 동양과 서양이 서로 결합하는 상태에 도달하리라고 예측한다. 우리나라는 젊은 세대일수록 개인적인 특성이 강하게 나타난다. 그 이유 중 하나로 후배 세대일수록 점차 서구화되는 데서 찾을 수 있다. 여러 세대 중에서 Z세대가 가장 개인성이 강할 수밖에 없는 건 출산율, 양육 방식, 생애 주기 사건 등의 이유와 함께 가장 서구화된 세대이기 때문이다. 또 서양의 사례를 통해 확인할 수 있듯이 경제가 발전한 나라일수록 개인주의 성향을 띤다. Z세대는 대한민국에서 경제적으로 가장 성장한 시대에 나고 자랐다. Z세대의 개인성에 대해서 관대한 시선이 필요한 이유다. 세대가 바뀌고 시간이 지날수록 차츰 집단성은 권위주의와 함께 종말을 고할 것으로 보인다.

고민 6. 업무 지시 및 배분이 어렵다

인사컨설팅사에 근무하는 X세대 김 팀장은 팀원에게 업무 배분할 때만 되면 스트레스다. 자신을 제외하고 팀원이 대부분 밀레니얼 세대다. 입사한 지 6개월이 채 안 된 Z세대 이 사원도 있다. 큰 프로젝트를 업무 배분할 때면 매번 홍역을 치른다. 팀원들은 자신의 레퍼런스에 도움이 되는 큰 프로젝트의 핵심 업무를 하고 싶어 하기 때문이다. 반대로 규모가 작고 난이도가 높으면서 티도 안 나는 프로젝트는 팀원들에게 기피 대상이다. 최근 고객사로부터 까다로운 소규모 프로젝트를 수주했는데, 김 팀장은 어떻게 업무를 배분하고 지시해야 할지 고민이다. 막내인 이 사원에게 슬쩍 얘기를 꺼냈더니 넌지시 싫은 티를 냈다. 김 팀장은 이 프로젝트를 혼자 수행해야 할지 아니면 다른 팀원에게 맡겨야 할지 고민이 깊어진다.

Z세대와 함께 일하는 선배 세대 중에는 업무 지시와 배분이 어렵다고 호소하는 이가 적지 않다. Z세대는 업무 지시나 배분이 마뜩잖은 상황이면 직간접적으로 의사 표현을 하기 때문이다. 후배 직원과 불편한 관계를 원치 않는 선배 세대로서는 신중해질 수밖에 없다. 그래서 좋은 게 좋다는 식의 의사 결정을 하거나 가슴앓이하는 경우가 많다. 김 팀장도 결국 단기 계약직을 고용해 직접 프로젝트를 챙기기로 했다. 자신의 주니어 시절을 떠올리면 격세지감을 느낀다.

상명하복의 서열주의 문화가 일상이던 과거에는 선배가 후배 눈치 볼 일은 흔치 않았다. 반대로 후배가 선배 눈치를 봐야 했다. 선배의 기분이나 감정, 업무 상황을 종합적으로 판단해 센스 있게 행동해야 했기 때문이다. 그런 눈치 있는 직원이 직장 생활 꽤 한다는 소리를 들었다. 하지만 요즘은 상황이 많이 바뀌었다.

Z세대는 과거처럼 선배 눈치를 보지 않는다. 불합리한 상황이면 불만을 표현하는 데 주저함이 덜하다. 물론 불만을 직접 얘기하기보다는 그들에게 익숙한 온라인 채널을 활용하면 된다. 그래서 요즘은 처지가 바뀌어 선배가 후배 눈치를 더 보게 된다고 하소연한다. 선배로서는 여러모로 쉽지 않다.

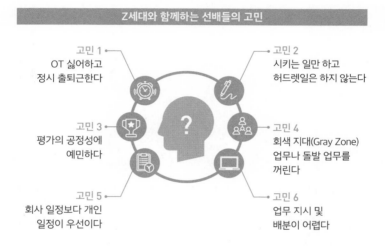

이상 Z세대와 함께 하는 선배가 겪고 있는 대표적인 고민을 살펴보았다. 어디 이 뿐인가? 이외에도 다양한 고민들이 있을 것이다. 지금 당신은 어떤 고민을 하고 있는가?

Z세대가 직장에서 원하는 것

어느 세대든 성장 과정에서 겪은 사건과 상황을 보노라면 측은
지심이 생긴다. Z세대를 보면 왠지 더 짠한 마음이 든다. 학생에
서 직장인으로 신분이 바뀌는 것은 동서고금을 막론하고 스트레
스가 큰 역할 전환의 시기다. 더욱이 바이러스 팬데믹은 Z세대를
녹록지 않은 환경에 처하게 했다. Z세대는 변수가 아니라 상수가
되어버린 불확실성의 환경에서 성장했다. 무엇보다 부모의 경제
적 어려움을 보고 자란 탓에 높은 경제적 불확실성은 직업에 대
한 실용적이고 현실적인 태도를 지니게 했다.

Z세대는 100년에 한 번 올까 말까 한 바이러스 팬데믹 기간에
입시와 구직이라는 중요한 시기를 겪은 얄궂은 운명의 세대다.

경황 중에 Z세대를 맞은 선배들은 그들이 더 낯설다. 최근 Z세대를 맞이한 선배들의 얘기를 듣다 보면 선배 세대의 처지도 딱하다. 밀레니얼 세대와는 또 다른 Z세대, 그들과 함께하려면 어떻게 해야 할까? 우선 Z세대가 직장 생활을 통해 얻고자 하는 니즈가 무엇인지부터 이해해야 한다. Z세대가 직장에서 원하는 것이 무엇인지 파악해보자.

니즈 1. 삶을 즐길 정도의 적당한 업무량을 원한다

Z세대는 하나의 직업보다는 다양한 직업을 가진 N잡러를 꿈꾼다. 회사의 업무 외에도 다른 잡Job이나 부가적으로 하는 활동에 욕심이 많아서 효율적인 시간 활용이 중요한 세대다. 따라서 Z세대는 업무도 중요하지만 삶을 즐길 적당한 수준의 업무량을 원한다. 직장을 자아실현의 장으로 이해하기 때문이다. 밀레니얼 세대가 직장을 경제활동의 수단으로 인식하고 일과 삶을 분리된 개념으로 이해하는 것과는 비교된다.

세대별 일과 삶을 보는 기준			
베이비붐 세대	X세대	밀레니얼 세대	Z세대
삶보다 일	일과 삶의 균형	일과 삶의 분리	일과 삶의 조화

Z세대의 효율성은 대표적으로 시간 관리에서 나타난다. 자아실현을 위해 최대한 효율적으로 시간 관리를 하려는 합리적인 세대다. 그래서 선배 세대는 Z세대가 삶 영역의 시간을 확보할 수 있도록 도와야 한다. 회식이나 야근이 대표적이다. 특히 예측할 수 없는 회식이나 야근은 퇴근 후 시간을 활용하기 어렵게 만들고, 업무 시간 외 연결은 자신만의 시간을 방해받는 것이기에 불편하다. 회식해야 한다면 사전에 충분히 일정을 조절할 수 있는 시간을 확보해 주는 게 그들을 위한 최소한의 배려다. 만약 야근해야 한다면 합리적인 이유를 충분히 설명해 납득시킬 필요가 있다.

니즈 2. 일을 통해 성장하고 의미를 찾기 원한다

Z세대가 업무를 통해 추구하는 최우선 가치는 '성장'이다. 따라서 조직은 그들의 성장 니즈를 충족시키는 게 지상 과제여야 한다. Z세대에게 직장이 즐거움과 자아실현의 무대가 되도록 도와야 한다. Z세대에게 즐거움은 단순한 재미 이상이다. 일을 통해 느끼는 즐거움이 최고의 즐거움이다. 만약 그들이 하는 일을 통해 성장하고 있다는 것을 느끼지 못한다면 주저하지 않고 회사를 그만둘지 모른다. 최근 직장인의 퇴사율이 갈수록 높아지는 것은 Z세대의 영향이 크다. Z세대의 니즈를 충족하는 조직의 환경이 아니기 때문이다.

세대별 이직 및 퇴사에 관한 생각			
베이비붐 세대	X세대	밀레니얼 세대	Z세대
"다시 생각해봐."	"할 수도 있지 뭐."	"하루에도 몇 번은 생각하지."	"더 성장할 수 있는 곳이라면 언제든."

선배 세대와 비교해 Z세대가 공부하고 취업할 시기에 국가는 경제적으로 성장이 더뎠다. 아이러니하게 Z세대는 스스로 성장하지 않으면 생존하기 어려운 상황에 봉착한 것이다. 밀레니얼 세대에게 성장이 자기개발이었다면, Z세대에게 성장은 생존을 위한 필수 조건이다. 만약 어렵게 입사한 직장이 커리어 성장은 커녕 정체될 것 같은 분위기라고 판단한다면 더 좋은 조직으로 미련 없이 파랑새처럼 날아갈 것이다. Z세대는 직장에서 의미 있는 성취를 맛보면서 미래 준비를 할 수 있기를 원한다. 즐겁게 일할 수 있는 곳이면 금상첨화다.

니즈 3. 공정하게 대우받기를 원한다

Z세대는 공정이라는 키워드에 예민하다. 앞서 언급한 "불의는 참아도 불이익은 못 참는다."라는 말이 그들의 정체성을 잘 표현한다. 언론에서 공정이라는 이슈가 뜨거워진 것도 그들의 직장 생활 시작 시기와 비슷하다. Z세대는 일하고 노력한 만큼 공정하

게 평가와 보상을 받아야 한다고 생각한다. 이렇게 그들이 공정에 민감한 이유는 무엇일까?

앞서 강조했듯이 Z세대의 '공정'이라는 DNA는 X세대 부모 양육 방식의 영향을 받았다. 어느 봄날 토요일, 카페에서 있었던 일이다. 오후 1시 무렵이 되자 Z세대 한 가정이 창가 쪽으로 자리를 잡았다. 아빠는 높은 탁자를 기대어 서 있었고, 엄마는 옆자리의 낮은 의자를 가져와 앉았다. 그런데 초등학교 고학년쯤으로 보이는 딸은 하나밖에 없는 높은 의자에 앉았다. 그 순간 평등Equality과 형평Equity을 비교한 삽화가 머릿속에 스쳤다. X세대 부모가 Z세대 자녀에게 배려하는 풍경에서 '공정'이라는 단어가 자연스레 떠올랐다.

평등(Equality) vs. 형평(Equity)

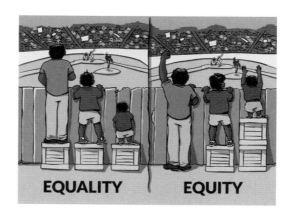

Z세대가 원하는 것은 모든 사람은 똑같으므로 공정하게 대우받는 것이다. 그들이 원하는 가치는 엄밀하게 보면 형평Equity보다는 공정Fairness이다. 모든 사람을 능력에 맞게 다르게 대우하는 것이다. Z세대는 인생 자체가 형평이 될 수 없다는 것을 잘 알고 있다.

니즈 4. 합리적인 수준의 목표를 원한다

선배 세대는 이루기 힘든 목표를 부여받으면 헝그리 정신을 발휘해 일했다. 특히 전통 세대나 베이비붐 세대는 엄청난 의지로 '한강의 기적'을 일궜다. 지금은 다르다. Z세대에게 과도한 목표는 동기를 자극하기보다는 시도하고자 하는 마음조차 사라지게 할 수 있다.

Z세대는 학원에서도 레벨 테스트를 통해 자신의 수준을 객관적으로 직시했고, 학교에서는 각종 평가로 냉정하게 자신의 위치를 수시로 확인했다. 중요한 시험 몇 번으로 평가받던 선배 세대와 다르다. Z세대는 학창 시절 내내 실력을 숨겨 두거나 남겨 둘 겨를 없이 일 년 내내 100% 최선을 다해야 했다. 그런 점에서 자신의 수준에 대해 냉정하게 메타인지 한다. 자신의 실력 이상의 과도한 목표는 애초 꿈도 꾸지 않는다. 현실적으로 자신이 도달할 수 있을 정도로 목표를 정하고 실천하는 것에 익숙하기 때문이다.

Z세대는 목표 달성할 수 있어 보이는 합리적인 수준의 목표를 원한다. 도전 정신을 요구하는 수준의 목표는 지레 포기하게 만들 수 있다. 선배는 이런 Z세대의 니즈에 부합하는 적정한 목표나 비전을 제시할 수 있어야 동기 부여할 수 있다.

니즈 5. 조직이나 팀보다 개인이 존중받기를 원한다

Z세대는 밀레니얼 세대보다 개인성이 더 뚜렷하다. 앞서 살폈듯이 Z세대는 가장 합리적이라고 생각하는 성과 평가 방식을 묻는 말에 다른 세대보다 개인의 매출과 실적에 따른 평가에 높은 점수를 줬다. 팀이나 조직보다는 개인 단위의 평가를 원한다. 어떤 조사 결과를 보더라도 후배 세대로 갈수록 개인성이 도드라지게 나타나는 것을 확인할 수 있다.

다시 강조하지만, Z세대는 가장 서구화된 사고를 하는 세대이기도 하다. 직장에 들어온 그들은 과거 어느 세대보다 개인이 존중받기를 원한다. 조직이나 부서의 이익을 위해 개인이 희생해야한다는 것에 부정적이다. 이런 모습은 선배 세대가 보기에는 공동체 의식이 부족하고 협력이 잘 안되는 세대로 인식하게 한다. 조직이나 팀을 이끌며 성과를 내야 하는 선배로서는 고민이 깊어진다. 한 팀이 되어 팀플레이를 해도 모자랄 판에 후배들 눈치를 보느라 마음처럼 업무에 속도가 나지 않으니 말이다.

Z세대는 학창 시절에 분임 토의, 프로젝트 수업 등으로 협력

의식을 발휘해야 하는 상황에 노출된 세대다. 하지만 연합보다는 경쟁에 익숙한 세대로 협력 의식보다 개인 의식이 강하다. 이런 특성의 Z세대에게 '개인보다는 팀'을 강조한들 그들의 마음에 와 닿지 않는다. 괜한 반감을 갖게 하기 좋다. 그리고 Z세대는 선배 세대보다 소속감이 약하다. Z세대에게는 단체 기합이나 연대 책임이라는 것이 용납되지 않는다. 하다못해 야구 경기를 즐기더라도 팀 대신 선수가 좋아서 응원한다. 그들은 회식처럼 함께하는 활동에 대해 밀레니얼 세대보다 부정적이다. 그들과 팀 활동을 해야 한다면 개인적인 이익을 명확하게 설득할 수 있어야 한다.

니즈 6. 전문성을 키우기 원한다

Z세대는 바이러스 팬데믹 기간에 원격 근무나 원격 수업 등 비대면 환경에 누구보다 잘 적응했다. 그들은 온라인 공간에 익숙한 오리지널 '디지털 네이티브' 아닌가? 정보가 넘치는 디지털 세상에 익숙한 Z세대는 자신이 필요하다고 생각하는 지식이라고 판단되면, 즉시 학습해 실생활과 업무에 적용하는 능력이 남다르다. 비록 경험은 부족할지라도 DT Digital Transformation 역량만큼은 선배보다 우수하다. 그리고 전문성을 향상하기 위해서라면 기꺼이 개인 시간과 비용을 투자한다. Z세대가 직장에서 원하는 것도 바로 '전문성을 키우는 것'이다. Z세대가 전문성을 키우고자 하는 의지의 이면에는 미래에 대한 불안이 잠재해 있다. 불안한 미래

가 싫기 때문이다.

평생직장 따윈 없다. 최고가 되어 떠나라!

배달의 민족 사무실에서 볼 수 있는 표어란다. Z세대의 니즈에
가장 부합하는 그야말로 취향 저격의 문구다. 이제 평생직장의
개념은 흐릿해졌다. Z세대는 직장이 자신의 미래를 책임져 주지
않는다는 것을 잘 안다. 조직에 헌신하다가는 그야말로 헌신짝
된다는 것을 직시하고 있다. 그래서 몸담은 조직과 부서의 성장
보다는 자신이 성장하기를 원한다. 더 좋은 성장 환경이 조성된
곳이면 언제든 떠날 준비가 돼 있다. 선배 세대가 어떤 마음가짐
이어야 할지 시사하는 바가 분명하다.

Z세대가 직장에서 원하는 것

니즈 1
삶을 즐길 정도의
적당한 업무량을 원한다

니즈 2
일을 통해 성장하고
의미를 찾기 원한다

니즈 3
공정하게 대우받기를
원한다

니즈 4
합리적인 수준의
목표를 원한다

니즈 5
조직이나 팀보다 개인이
존중받기를 원한다

니즈 6
전문성을 키우기 원한다

이상 Z세대가 직장에서 원하는 6가지를 살펴보았다. 정리해 보면, Z세대는 삶을 즐길 정도의 적당한 업무량을 원하며, 일을 통해 성장하고 의미를 찾기 원한다. 공정하게 대우받기를 원하며, 합리적인 수준의 목표를 원한다. 조직이나 팀보다 개인이 존중받기를 원하며, 전문성을 키우기 원한다. 당신은 그동안 Z세대가 직장에서 원하는 것을 어느 정도 이해하고 있었는가? 이런 Z세대의 니즈에 부합하는 직장을 만들려면 어떻게 해야 할까? 지금부터는 Z세대와 함께 일하는 법을 알아보도록 한다.

Z세대와의 일잘법

한국의 청년 실업률은 경제 협력 개발 기구OECD 주요국과 비교해 높은 수준으로 꾸준히 오르고 있다. 그 와중에 터진 바이러스 팬데믹은 Z세대의 취업에 찬물을 끼얹은 격이다. Z세대는 선배 세대에 비하면 높아진 취업 장벽을 뚫고 직장 생활을 시작하는 세대다. 하지만 그들은 어렵사리 들어온 직장에서 또 다른 장벽에 직면한다. 조직 문화, 일하는 방식 등이 전혀 다른 생경한 환경을 마주하기 때문이다. Z세대가 누리던 세상에 비하면 우리의 일터는 아직 20세기에 머물러있다고 해도 과언이 아니다. 21세기 최첨단 문명에 익숙한 그들에게 조직은 아마도 외계 행성과도 같을 것이다.

왜 우리의 일터는 20세기에 머물러 있는가? 데니스 바케는 책 《조이 앳 워크》에서 3가지로 설명한다. 첫째는 과거에 머무르려고 하는 타성 때문이다. 둘째는 누구도 성공적인 일터 공식을 고치려는 위험을 감수하지 않기 때문이다. 셋째는 일터를 긍정적으로 바꾸기 위해서는 임원들이 많은 권력을 포기해야 하는데 그것이 쉽지 않기 때문이다.[43] 물론 일터와 일하는 방식을 바꾸기는 쉽지 않다. 그렇다고 언제까지 20세기 일터 패러다임에 갇혀 있을 것인가?

밀레니얼 세대가 조직에 들어오면서 선배 세대는 변화의 필요성을 느꼈을 것이다. Z세대가 밀려들어 오고 있는 지금, 늦기 전에 용기있는 변화를 감행해야 하지 않겠는가? 21세기를 리드해 갈 Z세대를 20세기 패러다임으로 관리하기 힘들기 때문이다. Z세대를 맞이하는 조직, 그리고 선배 세대는 Z세대가 직장에서 원하는 것을 제대로 파악하고 지혜롭게 일하고 공존하는 법을 찾아야 한다. 지금부터는 실천하면 좋을 Z세대와 일하는 6가지 방법을 제시한다.

Z세대와 일하는 법

01 번아웃 되지 않을 정도의 쉼을 제공하라

02 일의 의미를 납득시켜라

03 공정하게 평가하고 대우하라

04 합리적인 목표와 동기를 제공하라

05 강점과 개성으로 일하게 도와라

06 미래를 위한 커리어를 함께 고민하라

1. 번아웃 되지 않을 정도의 쉼을 제공하라

샌디에이고 주립대 심리학과 교수 진 트웬지는 책《#i세대》에서 Z세대를 소외되고 외로운 세대라고 분석하면서 정신 건강에 특별히 주의를 기울여야 한다고 강조한다. Z세대는 밀레니얼 세대보다 소외감, 외로움, 우울증, 자해, 자살 등의 비율이 높았기 때문이다.

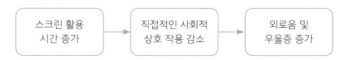

스크린 활용 시간 증가 → 직접적인 사회적 상호 작용 감소 → 외로움 및 우울증 증가

그는 Z세대가 선배 세대와 비교해 운동, 스포츠, 직접적인 사회적 상호 작용보다는 전자 기기, 소셜 미디어 등을 통한 스크린 활동에 노출된 시간이 많았다고 지적한다. 그도 그럴 게 Z세대는 태어나면서부터 스마트 기기를 끼고 자란 '스마트폰 네이티브' 아닌가?

우리나라 상황도 별반 다르지 않다. 10년째 청소년 사망 원인 1위는 자살이며, 많은 학생이 '우울감'을 경험한다. Z세대는 학교, 학원 등으로 바쁜 일과 탓에 개인 시간을 충분히 누리지 못했다. 그래서 Z세대는 번아웃에 노출될 확률이 높다. Z세대가 직장 생활을 하면서 자기만의 시간을 갖고 싶어 하는 것은 당연하다. 직장에서 Z세대와 함께 일하는 선배라면 Z세대의 삶을 의식적으로 챙기고 적절한 쉼을 제공하기 위해 노력해야 한다. 철학자 한병철은 책《피로사회》에서 성과주의 사회는 영혼의 경색을 필연적으로 가져온다고 주장한다. 좋은 선배가 되고자 한다면 Z세대의 피로를 관리하고 적절한 쉼을 제공할 수 있어야 한다.

2. 일의 의미를 납득시켜라

앞서 트웬지의 책에서 Z세대의 일에 관한 생각을 가늠할 수 있는 내용이 등장한다. Z세대는 "일이 인생에서 중요한 부분이 될 것이라고 예상한다.", "나에게 일은 생계를 꾸리기 위한 도구다."라는 질문에 선배 세대보다 부정적이었다. 그들은 자기 일이 인생을 집어삼키는 것을 원치 않는다.

세대별 일하는 이유			
베이비붐 세대	X세대	밀레니얼 세대	Z세대
"돈과 명예를 위해서 하는 거죠."	"직장에 다니는 것 만으로 만족하죠."	"의미 있고 좋아 하는 일이니까요."	"개인의 성장을 위해 하는 거죠."

　선배들은 Z세대 후배들을 보면서 "시키는 일만 한다.", "허드렛 일은 하지 않는다."라고 푸념한다. 하지만 후배가 일을 통해 성장 하고 의미를 찾기 원하는 니즈를 충족해주지 못하지는 않았는지 먼저 생각해 볼 일이다. 그래야만 해결의 실마리가 생긴다. 중요 한 것은 업무 지시를 할 때는 일의 의미를 충분히 납득시키는 것 이다. 선배들이 가장 고민하는 것 중 하나는 "후배에게 일을 시킬 때 일일이 설명하고 납득시켜야 하는 게 힘들다."라는 것이다. 그 런 얘기를 하는 선배들에게 저자는 그것이 바로 후배들의 특징이 라고 강조한다.

　질문 폭격기인 Z세대에게 업무를 지시할 때는 'ABC 원칙'을 기억했으면 한다. 첫째, 업무를 이해시키는 단순한 스킬Skill 수준 을 넘어 마음으로 받아들일 수 있도록 해당 업무의 목적, 성과 등 을 설득하는 예술Art이 요구된다. 둘째, 일일이 간섭하는 듯한 마이크로 매니징Micro Managing보다는 업무의 배경, 프로세스, 결과물 등을 종합적으로 이해할 수 있게 큰 그림Big Picture을 그려줘야 한다. 마지막으로, 단편적인 업무Text의 전달보다는 일의 의미와 전후 맥락Context을 충분히 납득시켜야 한다.

S사 김 파트장은 후배 직원과의 면담을 자신의 핵심 업무로 여긴다. 주로 업무 외적인 대화를 하지만, 때론 업무적인 대화를 하곤 한다. 특히 부서원들이 꺼리는 프로젝트를 진행할 때가 그렇다. 그럴 때면 프로젝트의 추진 배경부터 예상되는 프로세스, 산출물 등 전체 그림을 충분히 설명한다. 그리고 부서원에게 업무 범위와 기대사항을 납득시키고 자신이 부서원에게 어떻게 지원할지 명확하게 가이드한다. 김 파트장은 부서의 업무나 프로젝트를 RACI 매트릭스를 통해 R&RRole and Responsibilities, 역할과 책임을 나누기 때문에 갈등이 없고 업무 수행이 원활하다.

3. 공정하게 평가하고 대우하라

Z세대가 원하는 공정한 평가와 보상은 노력에 따라 대가를 얻는 진정한 능력주의에 따른 것이다. 그들에게 시험과 경쟁만큼 공정한 것은 없다. 공개 오디션 프로그램은 그런 특성을 담고 있는 콘셉트라고 할 수 있다. 학력, 외모, 출신, 배경에 상관없이 오직 실력과 미션 수행 결과로만 평가하기 때문이다. Z세대가 입사 때까지 겪는 일련의 과정은 마치 공개 오디션 프로그램과 유사하

다. 오디션 참여자가 공연과 미션의 결과에 따라 과정을 평가받 듯, Z세대는 학창 시절 내내 일거수일투족을 평가받았다. 일상이 평가로 점철됐다고 해도 과언이 아니다. 또 교외에서는 봉사 활동, 경시대회 등 각종 스펙을 쌓기 위해 밤낮없이 매달렸다. 그것 도 부모, 친인척, 지인, 지인의 지인 등 인적 자원을 총동원해서 말이다.

Z세대는 고위 공직자나 정치인의 부모 찬스, 공공 기관의 비정 규직에 대한 정규직 전환, 각종 채용 비리 등 불공정이 난무하는 사회에서 성장했다. 그들의 공정에 대한 집착과 예민함은 불공정 하게 느껴지는 사회를 학습한 결과인지도 모른다. 그런 Z세대가 직장에 들어왔다. 학창 시절 촘촘한 평가의 잣대에 익숙한 그들 이 보기에 사내 평가 시스템은 어떤 느낌으로 다가올까? 뭔가 부 족하다. 그들은 칭찬 카드 하나에 예민하게 집착하며, 무임승차 자가 생기는 팀 프로젝트도 달가워하지 않는 세대다. 현장에서 선배들이 평가 때문에 골머리를 앓고 있는 것을 보면 짐작할 수 있다. 현행 평가 제도로 Z세대의 기준을 만족시키기에는 여러모 로 한계가 있다. 지금보다 공정성을 높이는 성과평가시스템과 평 가지표 개발이 필수적이다.

Z세대와 일하는 선배라면 평가 시 3가지 키워드를 기억했으면 한다. 첫째, 객관화다. 평가를 공정하게 할 수 있는 잣대를 정교 하고 투명하게 만들어야 한다. 예컨대 일하는 공간에 공개적으로

업무 현황판을 게시하거나 온라인 공간에 공통의 평가 양식을 올려 관리하는 것이다. 둘째, 개인화다. Z세대 후배를 지도할 때는 공개 지도보다 개인 지도 위주로 해야 한다. 개인성이 강한 그들의 특성을 고려해 칭찬이나 질책도 개인적으로 하는 것이 효과적이다. 셋째, 사실화다. Z세대 후배의 잘한 점이나 부족한 점을 피드백할 때는 사실 기반으로 해야 한다. 애매하고 감정적인 피드백은 삼가고 납득할 수 있게 구체적으로 해야 한다.

4. 합리적인 목표와 동기를 제공하라

선배가 업무 현장에서 겪는 애환을 들노라면 요즘 입사한 후배들이 사뭇 다르다고 느끼는 것 같다. 선배들의 고민에서 언급했듯이 그들은 후배들이 힘든 일을 기피하고 어려운 일을 하지 않으려 한다며 하소연한다. Z세대는 노력보다 지능이나 재능 칭찬을 후하게 받고 자란 세대이기 때문이다. 그들은 질책보다는 칭찬에 익숙한 세대다. 작은 성취에도 부모님은 "잘한다. 잘한다." 라며 격려와 칭찬을 아끼지 않았다.

심리학자 캐롤 드웩의 실험은 Z세대를 이해하는 실마리를 제공한다. 캐롤 드웩은 초등학교 5학년 400명에게 쉬운 문제를 풀게 했다. 그리고 두 개조로 나눴다. A조는 "정말 머리가 좋구나." 라며 지능에 대해 칭찬했다. B조는 "잘했네, 열심히 노력했구나." 라며 노력을 칭찬했다. 두 번째 실험으로 이전 문제와 비슷한 수준의 시험지와 어려운 문제의 시험지를 선택하게 했다. 그 결과, 지능 칭찬을 들은 A조 학생은 대부분 쉬운 문제를 택했고, 노력에 대한 칭찬을 들은 B조 학생의 90%는 어려운 문제를 선택했다.

캐롤 드웩의 연구를 통해 Z세대가 어려운 일을 꺼리는 이유를 유추할 수 있다. Z세대는 학창 시절에 노력보다 지능이나 재능에 대한 칭찬을 더 받았기 때문이다. 따라서 Z세대에게는 어려운 도전적 과제보다는 합리적인 수준의 목표를 제시하는 게 현실적이다.

스마트 기기 세대인 Z세대에게 1년은 심리적으로 10년처럼 길게 느껴진다. 따라서 긴 호흡의 목표보다는 작은 목표로 쪼개서 관리하는 것이 현명하다. 중장기 목표는 1년, 6개월, 분기 단위로 나누고, 또 한 달, 보름, 하루 단위로 세분화해야 한다. Z세대는 눈에 보이는 세부적인 목표에 더 익숙하다.

왜일까? Z세대의 학창 시절은 학업과 관련된 각종 단기 과제를 수행하는 데 분주한 삶이었다. 그들에게는 막연한 장기 목표보다 당장 눈에 보이는 단기 목표에 익숙하다. 그래서 그들에게는 단기적인 과제를 자주 수행하도록 하여 작은 성취Small Success를 맛보도록 하는 것이 효과적이다. 여러 심리학 연구에 따르면, 자주 느끼는 작은 기쁨이 가끔 느끼는 커다란 기쁨보다 행복을 오래 유지해 준다. 거액의 복권이 당첨돼도 약 1년 만에 원래의 행복지수로 돌아가는 것도 같은 이유다.

동기 부여 시 중요한 것은 '크기'보다는 '빈도'라는 점이다. 따라서 거창한 연례 시상보다는 분기나 월 단위로 나눠서 시상하는 것이 훨씬 효과적이다. Z세대에게는 더더욱 그렇다. 그들은 연말 시상 전에 회사를 떠날지도 모른다. 의미 있는 작은 과제를 잘 수행했을 때마다 격려의 말과 함께 SNS를 통해 커피 쿠폰을 보내주거나, 좀 더 수고스러운 업무를 성공적으로 했을 때는 상품권을 선물하는 식이다. 또 커피 머신을 구비하거나 냉장고에 맛있는 간식을 넉넉히 채워 넣는 것이 드문 시상과 연봉 인상보다 직원들의 일상적인 행복 지수를 유지하는 데 효과적이다.

5. 강점과 개성으로 일하게 도와라

매슈 사이드는 책 《다이버시티 파워》에서 지배적인 리더는 팀의 정보 공유가 안 되고 커뮤니케이션 오류가 발생할 확률이 높다고 강조한다. 왜냐하면 팀원이 의견 제시를 주저하고 침묵하기 때문이다. 오히려 리더가 없는 팀이 성공적으로 될 확률이 높다. 왜냐하면 부재중인 리더의 지식을 팀원이 다양하게 채우면서 보완하기 때문이다. 팀원의 장점과 개성을 인정하는 다양성을 갖춘 팀은 팀원들이 의견 피력을 주저하지 않고 새로운 업무에 도전할 수 있는 심리적 안전감이 확보된다. 이로써 팀원의 강점과 개성이 극대화된다.

리더의 유형과 다양성[44]

지배 역학 관계에서 다양성을 갖춘 팀

리더

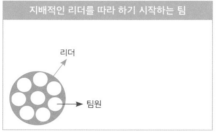

지배적인 리더를 따라 하기 시작하는 팀

리더

팀원

E사 박 팀장은 팀의 다양성을 잘 활용하는 좋은 사례다. 그는 팀원과 교감하면서 팀원의 정보와 강점을 잘 파악한다. 평소 팀원들과 스몰토크를 자주 한다. 주로 점심 후나 집중력이 떨어지는 오후 시간에 후배와 업무 외적인 관심사를 주제로 대화한다. 특히 팀원의 업무 성향이 담긴 '나 사용 설명서'는 그만의 비결이다. 업무 배분 시 이렇게 파악한 팀원에 대한 정보를 십분 활용한다. 예컨대 창의적인 팀원에게는 아이디어가 필요한 업무를, 논리적인 팀원에게는 문서 검토를, 유쾌한 팀원에게는 워크숍이나

회식을 챙기도록 하는 식이다. 매사에 이렇게 팀원의 장점에 맞게 업무를 배분하다 보니 팀워크는 물론 성과도 좋다. 나아가 팀 내 돌발 상황이나 기피 업무가 생겨도 팀장이 직접 솔선하는 경우가 많다 보니 서로 배려하는 문화까지 자연스럽게 정착돼 있다.

다시 한번 강조하지만, Z세대 후배의 단점이 아니라 장점과 강점을 찾는 데 집중해볼 것을 권한다. 장점과 강점을 파악하는 방법으로 Z세대에게는 놀이와도 같은 MBTI처럼 유형 진단 도구를 활용하는 것을 추천한다. 저자는 부서가 바뀔 때마다 에니어그램, 강점 진단, 팀 역할 모형 등의 진단 도구를 적용해 부서원의 특성을 찾곤 했다. 실질적으로 도움이 많이 됐다. 선배는 Z세대 후배의 강점과 재능을 파악해서 선순환을 끌어내는 것이 지혜다. 선배의 역할은 후배들의 단점에는 눈이 멀고 개성과 개인성을 존중하고 다양성을 포용하는 것이다.

세대별 업무 시 장점			
베이비붐 세대	X세대	밀레니얼 세대	Z세대

·근면, 성실
·경쟁적
·안정
·리스크 관리
·헌신적
	·주인 의식
	·독립적, 자립적
	·솔직
	·변화수용성
	·성장
		·멀티태스킹
		·최신 기술 활용
		  능력
		·속도
		·현실적
		·효율성
			·윤리성
			·개성
			·디지털 신기술
			  활용 능력
			·투명성
			·경제적

구인·구직 매칭 플랫폼 사람인이 실시한 Z세대 신입 사원의 강점에 대한 조사[45]에 따르면, Z세대 신입 사원이 부족한 것은 책임감(41.6%), 배려 및 희생정신(36.2%), 근성, 인내력, 강한 소신 및 추진력(34.9%), 기업 문화 적응력(23.2%), 협업 능력(22.2%), 대인관계 구축 능력(21.9%) 등의 순이었다. 반대로, Z세대의 가장 큰 강점은 디지털 신기술 활용 능력(43.6%)이었다. 다음으로 빠른 이해와 판단(33.9%), 다양한 활동 경험(29.1%), 외국어 등 글로벌 역량(20.2%), 의사소통 능력(8.2%), 긍정적인 사고방식(5.9%) 등이었다. Z세대의 강점은 많다. 이들의 강점을 활용하는 것만으로도 할 수 있는 일은 얼마든지 있다. 그것을 고민하는 것이 선배의 역할이다.

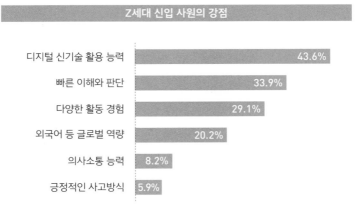

Z세대 신입 사원의 강점

디지털 신기술 활용 능력	43.6%
빠른 이해와 판단	33.9%
다양한 활동 경험	29.1%
외국어 등 글로벌 역량	20.2%
의사소통 능력	8.2%
긍정적인 사고방식	5.9%

6. 미래를 위한 커리어를 함께 고민하라

B사 유 팀장은 팀원들과 허심탄회하게 대화를 나누는 데 어려움이 없다. 특히 팀원과 커리어를 주제로 곧잘 대화를 나눈다. 그는 팀원에게 맞는 교육 프로그램을 고민하고, 자체 세미나를 열거나 자신이 알고 지내는 해당 분야 전문가를 적극적으로 소개해주기도 한다. 새로 합류한 신입 사원에게는 비전이나 경력 목표를 친절하게 상담하는 카운슬러 역할을 한다. 심지어 팀 업무에 적응하지 못하는 팀원에게는 적성에 맞는 다른 부서로의 이동을 권유하기도 했다. 이렇게 팀원의 커리어 상담에 진심이다 보니 유 팀장에 대한 팀원들의 신뢰가 높다. 사내 팀장 다면 평가에서도 늘 최고점이다.

본인의 무용담을 늘어놓으면서 따르기를 바라는 과거 지향적인 꼰대는 앞으로 점차 설 자리가 좁아질 것이다. 반면 후배 직원의 성장을 위해 머리를 싸매고 함께 미래를 고민하는 미래 지향의 어른은 Z세대에게 이상적인 선배다. Z세대 후배와 비전과 가치를 놓고 대화를 나누는 선배를 어떤 후배가 따르지 않을 수 있겠는가? 선배에게 중요한 역할 중 하나는 바로 '비전 제시'다. 소속 조직이나 부서의 비전뿐 아니라 함께 일하는 구성원 개개인의 비전에 관해서 관심을 가지고 고민해야 한다.

오해하지는 말자. 미래를 얘기할 만큼 신뢰가 쌓이지도 않았는데 미래에 대해 훈수를 두라는 얘기는 아니다. 오히려 어설픈 조언은 Z세대가 "그건 니 생각이고."라는 불편한 마음이 들게 할 수도 있다. "나도 틀릴 수 있다."라는 생각으로 후배에게 정답인 것처럼 얘기하지는 말자. 조언이 아니라 잔소리, 관심이 아니라 오지랖이 될 수 있으니 말이다. 충·조·평·판은 되도록 삼가자. 함부로 충고, 조언, 평가, 판단하지 말라는 것이다. Z세대 후배와 함께한다면 진정성 있게 찬찬히 마음을 열도록 유도하고 신뢰를 쌓기 위해 노력해야 한다. 그리고 진심으로 상대를 위하는 마음으로 후배의 커리어를 함께 찾고 발전시켜 나갈 수 있도록 돕자.

"누군가를 신뢰하면 그들도 너를 진심으로 대할 것이다. 누군가를 훌륭한 사람으로 대하면, 그들도 너에게 훌륭한 모습을 보여줄 것이다."

- 랠프 월도 에머슨 -

Z세대, 어떻게 동기 부여해야 할까?

리더들에게 고민 사항을 물으면 공통으로 '동기 부여'를 언급한다. 면접 때는 에너지 넘치던 신입 사원들도 막상 입사 후에는 업무와 소통에 소극적이고 수동적인 경우가 다반사다. 후배들에게 동기 부여하기가 여간 힘든 게 아니라고 한다. 85%의 기업에서 Z세대 후배의 동기 부여를 어려워한다는 설문 조사 결과는 이런 현상을 잘 증명한다. 동기 부여가 어렵다고 느끼는 이유는 무엇보다 Z세대의 장기근속 의지가 적고 애사심이 약하기 때문이다. 다음으로는 선배 세대보다 원하는 보상 수준이 높고, 일정 수준의 성취만 달성하고자 하며, 수직적 조직 문화를 못 견디고, 협동심이나 배려 등이 약해서다.[46]

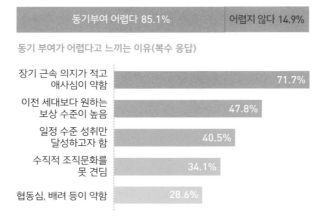

기업에서 직원 동기 부여의 어려움

| 동기부여 어렵다 85.1% | 어렵지 않다 14.9% |

동기 부여가 어렵다고 느끼는 이유(복수 응답)

장기 근속 의지가 적고 애사심이 약함	71.7%
이전 세대보다 원하는 보상 수준이 높음	47.8%
일정 수준 성취만 달성하고자 함	40.5%
수직적 조직문화를 못 견딤	34.1%
협동심, 배려 등이 약함	28.6%

Z세대에게 동기 부여한다는 게 녹록잖지만, 조직에 Z세대가 계속 밀려들어 오는 상황에서 그 방법을 찾지 않을 수 없는 노릇이다. Z세대에게 동기 부여하려면 어떻게 해야 할까? 업무적으로는 비전과 방향을 제시하고 보람과 성취를 느끼게 해야 한다. 관계적으로는 마음을 다하여 애정을 쏟아야 한다. 마치 부모가 자녀를 대하듯 말이다.

그럼 지금부터 Z세대의 특성과 니즈를 바탕으로 그들에게 동기 부여하는 방법 6가지를 다음과 같이 제시한다.

01
워라인(Work Life
Integration)을 도와라

02
승진이나 급여보다
비전을 제시하라

03
공정하게 평가·보상하라

04
일에 대한 진짜 니즈를
파악하고 지원하라

05
일이 진전되고 있다고
느끼게 하라

06
성장을 돕는 육성형
멘토가 되어라

1. 워라인(Work Life Integration)을 도와라

밀레니얼 세대를 '워라밸 세대'라고도 불렀다. 정시 출퇴근하는 당당한 모습 때문에 붙은 다분히 부정적인 의미가 내포된 별명이다. 일은 기피하고 삶만 챙기면서 출퇴근을 칼같이 챙기는 세대라는 편견을 갖게 한다. 저자는 Z세대를 '워라인 세대'로 부르고 싶다. 워라인은 '일과 삶의 통합'을 뜻하는 'Work Life Integration'의 줄임말이다. 일과 삶의 경계 없이 자유롭게 넘나드는 생활을 말한다.

스마트 기기가 바꿔 버린 세상에서 스마트폰 네이티브로 성장한 Z세대는 일과 삶의 경계가 해체된 삶을 살았다. 언제 어디서든 인터넷으로 연결된 온라인에서 각종 앱을 통해 실시간으로 다양한 서비스에 접속했다. 그러다 보니 Z세대는 일하면서도 수시로 스마트폰을 보며 삶을 드나들고, 삶에서도 업무가 떠오르면 컴퓨터를 켜기도 한다. 이런 현상이 '일며들다'라는 신조어에 녹아 있다. '일이 내 삶에 스며들었다'의 줄임말이다. 일하듯 놀고, 놀 듯 일하는 것이다. 한편으로는 유희의 인간인 호모 루덴스다운 모습으로도 보인다. Z세대는 유연하게 근무하기를 원하며 집에서도 업무 연락을 주고받는다. 이렇듯 워라인 세대인 Z세대를 어떻게 동기 부여해야 할까?

삶의 영역을 중요시하는 Z세대와 일도 잘 챙겨야 한다고 생각하는 선배 세대 간에 가치 충돌이 발생하는 대표적인 것이 '휴가'다. Z세대는 회사나 일보다는 자신과 자신의 성장을 위해 헌신한다. 회사의 성장을 개인의 성장과 동일시했던 선배 세대와 결이 다르다. Z세대는 연차나 휴가를 사용할 때 눈치를 덜 본다. 제 휴가니 자유롭게 사용하고 휴가를 누구랑 가서 뭐 할지는 알리고 싶어 하지도 않는다.

세대별 헌신의 대상			
베이비붐 세대	X세대	밀레니얼 세대	Z세대
국가, 회사의성장	소속 부서나 자신의 일	자신의 일이나 프로젝트	자신, 자신의 성장

한 온라인 커뮤니티에서 솔직한 연차 사유가 화제를 모은 적이 있다. 인사과 직원이라고 밝힌 글쓴이는 연차 사유에 '생일 파티'라고 적은 직원에게 "연차 사유가 이게 뭐냐?"라며 질문했다. 이에 "이보다 더 정확한 사유가 어디 있나요?"라고 반문했다고 한다. 또 다른 커뮤니티 게시판에서는 6월 7일 연차 휴가를 쓰면서 '전날이 휴일'이라는 솔직한 사유를 쓴 사례도 있었다. 흔한 사례는 아니지만, Z세대 후배의 휴가에 관한 생각을 엿볼 수 있는 대목이다. 이런 솔직한 사유에 대해 당신은 어떻게 생각하는가?

Z세대에게 "팀이 이렇게 바쁜데 휴가를 내겠다고?"라는 식의 불평은 안 하는 게 낫다. 오히려 Z세대 후배에게 휴가 때문에 눈치 보지 않도록 배려하자. 휴가 일정은 연말이나 연초에 미리 받으면 휴가 일정에 맞춰 업무를 조율할 수 있다. 이해심 있는 선배는 후배가 업무 일정보다 휴가 일정을 먼저 챙길 수 있도록 분위기를 조성한다. 가슴 설레는 휴가 계획을 위해 더 열심히 일할 수 있는 동기가 되기 때문이다. 게리 켈러, 제이 파파산은 책 《원씽》에서 성공한 사람은 연간 계획을 세울 때 할 일 목록보다 휴가 목록부터 채운다고 강조한다. 휴식에 진심인 Z세대를 맞이해 이제 선배 세대의 인식 전환이 필요하다 하겠다.

"성공한 사람은 매년 휴가 계획을 세우며 한해를 맞이한다. 그들은 그 시간이 필요함을 알고, 자신이 그런 시간을 가질 자격이 있다는

것도 잘 알기 때문이다. 자신이 여러 번의 휴가 사이에 틈틈이 일

하고 있다고 생각한다. 반면 성공하지 못 한 사람은 휴식 시간을

따로 떼어 두지 않는다. 그럴 자격이나 여유가 없다고 생각하기 때

문이다."[47]

2. 승진이나 급여보다 비전을 제시하라

많은 선배가 후배들이 보직을 맡고 싶어 하지 않는다며 한목소

리다. 후배 세대에게 직접 물어보면 이렇게 대답한다. "저는 관리

자가 되고 싶지 않아요.", "권한은 없으면서 책임만 커지거든요.",

"맘 편하게 내 일만 하고 싶어요." 후배 세대일수록 직장 내 보직

에 대한 욕심이 약함을 체감한다. 후배 세대의 보직 기피 현상은

인사 차원의 중요한 트렌드이자 이슈다.

2021년 글로벌 컨설팅사인 DDIDevelopment Dimensions International에

서 조사한 바에 따르면, 조직 내 최고 인사책임자CHRO가 선정한

10년 이내 가장 변화가 클 것 같은 테마의 하나로 '승진을 원하지

않는 구성원들'을 네 번째로 지목했다. 직장인을 대상으로 한 설

문 조사에서도 비슷한 흐름을 확인할 수 있다. 구인·구직 매칭 플

랫폼 사람인이 직장인 1,129명에게 '인사 평가와 승진에 대한 생

각'을 조사한 결과, 전체 응답자의 절반 가까이(46.8%)가 '승진에

관심 없다.'라고 답했다.[48]

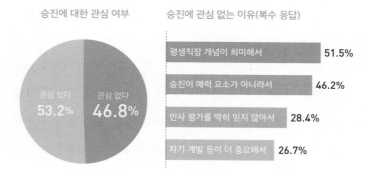

요즘 직장인 절반, 승진 관심 없다!

승진에 대한 관심 여부

관심 있다
53.2%

관심 없다
46.8%

승진에 관심 없는 이유(복수 응답)

평생직장 개념이 희미해서	51.5%
승진이 매력 요소가 아니라서	46.2%
인사 평가를 딱히 믿지 않아서	28.4%
자기 계발 등이 더 중요해서	26.7%

* 직장인 1,129명 설문 조사(자료: 사람인)

Z세대는 그럴싸한 역할을 수행하는 보직자보다는 차라리 의미 있는 일을 하기를 원한다. 보직은 달갑지 않지만, 의미 있는 일이라면 급여나 직급을 낮추는 것도 수용할 마음의 준비가 돼 있다. 그래서 리더는 일의 의미를 잘 납득하도록 도와야 한다. Z세대에게 이상적인 리더의 역할 중 하나는 일의 전체 이미지 내지는 큰 그림Big Picture을 제시하는 것이다. 세부 업무까지 일일이 관여하는 마이크로 매니징Micro Managing하지 않아야 한다. 여기서 큰 그림은 넓게는 회사나 부서의 비전, 작게는 단위 업무의 전체 맥락을 잘 설명하는 것을 의미한다. 나아가 선배라면 지나치게 단

기적인 목표 달성에만 목을 매기보다는 후배에게 타당한 비전을 제시할 수 있어야 한다.

우선 선배는 Z세대 후배의 개인 비전을 확인하고 찾도록 도와야 한다. 지금도 젊은 신생 기업 창업가들이 밤낮으로 젊음을 불태우고 있을 미국의 실리콘밸리와 중국 선전의 Z세대를 생각해보라. 왜 그들은 워라밸 따위는 안중에도 없는 것일까? 그들은 확고한 비전이 있기 때문 아니겠는가? 비전을 쫓다 보면 워라밸은 어느 순간 부수적으로 따라오게 마련이다. 워라밸은 중요한 관심사가 아니다. Z세대는 국가나 자기가 속한 회사나 부서가 아니라 자신의 비전을 위해 일한다. 선배의 역할은 Z세대에게 개인의 비전을 구체화하도록 돕는 것이다. 그러기 위해서는 평소 Z세대 후배와 잦은 대화를 통해 회사 생활의 니즈, 경력개발경로Career Path, 개인 비전 등을 파악해야 한다.

Z세대 후배가 개인의 비전을 찾았다면, 아울러 Z세대의 개인 비전을 조직 내지는 부서의 비전과 연계하는 것을 도와야 한다. 구성원이 1명 이상 되는 조직의 선배는 비전을 명확히 제시할 수 있어야 한다. 비전 제시는 의사 결정력과 함께 선배에게 요구되는 가장 기본적인 역량이다. 같이 일하는 구성원이 공감하고 따를 비전이 없다면 그 조직은 오합지졸이 될 것이다. 그리고 리더의 핵심 역할 중 하나는 조직의 비전을 구성원의 비전과 연계하는 것이다. 그래야만 수행하는 업무에 대해 납득할 수 있는 이유

와 방향을 제시할 수 있기 때문이다.

"만일 당신이 배를 만들고 싶다면, 사람들을 불러 모아 목재를 가
져오게 하고 일을 지시하고 일감을 나눠주는 등의 일을 하지 마라.
대신 그들에게 넓고 끝없는 바다에 대한 동경심을 키워줘라."

- 생텍쥐페리 -

3. 공정하게 평가·보상하라

조직에서 Z세대가 차지하는 비중이 늘어날수록 합리적인 성
과 측정과 보상은 조직에 더 큰 과제로 다가올 것이다. Z세대를
맞이하는 조직에서는 평가의 잣대를 더 정교하고 합리적으로 설
계해야 한다. 선생님께 채점 결과를 일일이 따져 묻듯 리더에게
성과 평가 결과를 하나하나 추궁할 것이 불을 보듯 뻔하기 때문
이다. 앞서 강조했듯 Z세대는 부서나 팀 단위보다는 구성원 개개
인 단위의 정확한 평가와 보상을 원한다. 우리 부서, 우리 조직의
성과 평가 시스템이 Z세대의 공정성의 잣대를 충족할 만큼 투명
하고 정교한지 살펴볼 일이다. 최근 대기업들이 직면하고 있는
성과급 공정성 문제는 그야말로 신호탄에 불과하다. Z세대는 더
득달같이 투명성과 공정성을 따져 물을 것이기 때문이다.

개인적 보상에 대한 중요성 인식[49]

(단위: %)

리더가 금전적인 보상 못지않게 중요하게 챙겨야 할 것은 비금

Z세대는 보상의 결과도 중요하지만, 보상이 어떻게 결정됐고 그 절차가 얼마나 투명하고 공정한지에 관심이 많다. Z세대에게 보상이란 연공 서열이 아니라 본인이 제공한 시간이나 노력 등의 투입한 노동에 상응하는 정당한 대가다. 그들은 이 교환 관계의 공정성을 강하게 요구한다. 불평등은 참아도 불공정은 못 참는 Z세대와 함께 일해야 하는 선배로서는 난감한 상황을 더 자주 마주하게 될지도 모른다. 다만 금전적인 보상은 조직 차원에서 제도적으로 풀어야 할 이슈이며, Z세대에게 금전적 보상이 본질은 아니다.

리더가 금전적인 보상 못지않게 중요하게 챙겨야 할 것은 비금전적인 보상이다. 교육, 세미나, 자격증 취득 등 구성원의 성장을 지원하고 자유로운 조직 문화를 조성하는 등 비금전적 보상을 어떻게 강화해야 할지 고민하는 것이 리더십의 핵심이 될 것이다. 다시 강조하지만 Z세대가 동기 부여되는 요인은 금전적인 것보다 비금전적인 것이다.

Z세대가 선호하는 동기 부여 요인	
금전적 요인	비금전적 요인
성과에 따른 보상 좋은 복지 제도	일, 학습 등을 통한 성장 적당한 업무량 편하게 얘기할 수 있는 조직 분위기 일을 통해 느끼는 재미 조직과 사회에 대한 기여 업무 및 조직 성과

4. 일에 대한 진짜 니즈를 파악하고 지원하라

B사 Y팀장은 타 부서와 협업을 해야 하는 회색 지대Gray Zone 업무를 후배 직원에게 지시했다가 지원자가 없어 난감한 적이 있다. 또 이른 아침 이 상무가 시킨 돌발 업무를 수행할 직원이 없어 애를 먹은 적도 있다. 성격 좋은 Y팀장이 업무 지시가 부담인 데는 이유가 있다. 후배가 싫은 내색을 하거나 부정적인 반응을 보일까 봐서다. 요즘 많은 선배가 과하다 싶은 정도로 후배들 눈치를 본다. 배려하는 마음은 이해하지만 안타까울 때가 많다. 생각해보자. 일을 제대로 지시하지 못하는 이유는 무엇 때문일까? 그

것은 Z세대 후배가 업무에 대해 어떻게 생각하고 어떤 요구를 하고 있는지 몰라서다.

Z세대가 일터에서 원하는 것은 합리적인 수준의 목표와 업무다. 회색 지대 업무나 돌발 업무라고 해서 무조건 꺼리는 것이 아니다. 왜 그 일을 해야 하는지 충분한 설명이 부족하거나 이해가 되지 않아서다. 같이 일하는 Z세대 후배와 대화하면서 업무적인 니즈를 파악하는 시간을 꼭 가져야 한다. 일은 마음에 드는지, 도와줄 점은 없는지 등 일에 대한 전반적인 니즈와 생각을 확인해야 한다. 과거처럼 '까라면 까'식의 일방적인 지시로는 곤란하다. Z세대가 해야 할 일에 대해서 충분히 이해하도록 설명하고 합리적으로 판단하도록 도와야 한다.

그럼 구체적으로 어떻게 해야 할까? '엔트리 인터뷰Entry Interview'를 적용해볼 것을 추천한다. 대화를 통해 후배가 직장에서 원하는 것이 무엇인지를 파악하는 것이다. 어려울 건 없다. 입사 후 일정 기간이 지난 후 후배 직원과 스몰 토크를 나누는 것이다. 회사 생활과 업무 전반에 대한 니즈를 확인하는 질문을 하면 된다. 리더는 좋은 질문으로 상대의 니즈를 파악하는 '질문 개발자'가 되어야 한다. 저자가 워크숍 중에 만난 한 리더는 자신의 리더십을 '질문 리더십'이라고 칭했다. 후배들과 대화할 때면 평소 생각해 놓은 질문을 통해 후배의 생각을 파악하고 경청하기 위해 노력한다고 했다.

엔트리 인터뷰 질문 예시

1. 입사 후 지금까지 가장 좋았던 일은?

2. 회사에서 가장 열정을 발휘했던 순간은?

3. 완전히 몰입됐던 업무나 상황은?

4. 꼭 경험하고 싶은 일은?

5. 퇴근 후 의욕을 갖고 하는 일은?

6. 직장 생활 중 기대하는 경력 목표는?

7. 원하는 업무 환경은?

8. 개인적인 삶의 비전과 목표는?

매사추세츠공과대MIT 슬론 경영대학원 석좌교수이자 조직심리학의 대가인 에드거 샤인은 책《리더의 질문법》에서 불확실성이 높은 시대의 조직경영을 이어달리기에 비유한다. 승리를 위해서는 선수가 빨리 달리고 바통을 똑바로 건네야 하는데, 전자가 구성원 개인의 경쟁력이라면 후자는 팀원 간의 협력, 즉 조직 문화라는 것이다. 그는 협력적인 조직 문화를 만들고 싶은 리더라면 겸손한 질문법을 실천해야 한다고 강조한다. 최고의 리더십은 지시가 아니라 겸손한 질문에서 나온다는 것이다. 겸손한 질문은 답을 알지 못하는 문제에 대해 질문을 던지는 세련된 기술을 의미한다.

Z세대 후배의 업무에 대한 니즈를 파악하면 합리적인 목표 제

시 및 업무 지시가 한결 수월해진다. 나아가 야근이나 허드렛일 같은 지시하기 부담을 느끼는 애매한 업무에 의미 부여하고 납득 시킬 논리를 찾을 수 있다. 후배에게 업무 지시하는 것에 지레 부담스러워 말고 스몰 토크를 통해 그들의 니즈를 파악하자. 따뜻한 질문과 경청으로 그들의 마음의 문을 두드리고 속마음을 하나씩 캐내어 보자.

최근 여러 조직에서 후배 세대가 참여하는 역멘토링Reverse Mentoring과 각종 위원회Committee, 주니어 보드Junior Board도 Z세대의 니즈와 의견을 확인하고 공감대를 형성하는 수단으로 활용되고 있다. 다만 실익을 얻기 위해서는 운용의 묘가 필요해 보인다. 가령 역멘토링을 한다면 후배의 생각을 '경청'하는 것도 좋지만 직접 후배의 문화를 '체험'하는 것이 더 효과적이다.

5. 일이 진전되고 있다고 느끼게 하라

〈하버드 비즈니스 리뷰〉에 동기 부여에 관한 의미 있는 아티클이 소개된 적이 있다. 직장에서 직원의 사기와 감정에 가장 큰 영향력을 끼치는 요소가 무엇인지 알기 위해 600명 이상의 관리자를 대상으로 한 설문 조사 결과가 그것이다. 인정Recognition, 성과급 Incentive, 인간적인 지지Interpersonal support, 일의 진전에 대한 지지Support for making progress, 명확한 목표에 대한 지지Support for clear goals 등 5가지 중에서 가장 동기 부여가 되는 것은 무엇이었을까? 많은 사람이

'일을 잘 해냈다는 것에 대한 인정'을 첫째로 꼽을 거로 생각했지만 오해였다. 최고의 동기 부여 요인은 '일의 진전Progress에 대한 지지'였다.

위 결론은 12,000개의 일기를 통해서 구체화했다. 많은 사람에게 일을 마치고 이메일을 보내달라고 요청했다. 당일 있었던 일, 무엇이 그들에게 동기 부여하고 기분 좋게 했는지 등을 간략히 설명하고, 마지막에 그날의 기분을 표현하는 작은 이모티콘을 고르도록 했다. 이를 통해 일에서 진전이 있었을 때 가장 긍정적인 감정을 느꼈다는 것을 발견했다. '최고의 날'이라고 표현한 날의 76%는 '일의 진전'을 이뤘을 때였고, '최악의 날'이라고 표현한 날의 43%는 회의 같은 '협동 작업'이 있었을 때였다.

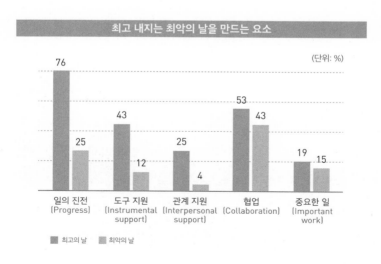

직장인의 일상적 행동, 감정 그리고 동기 부여 수준을 추적한 수년간의 연구도 결과가 같았다. 직원들이 자신의 업무에서 뭔가를 진전시켰다고 느끼고, 또 장애물을 뛰어넘을 수 있는 도움을 받을 때 긍정 에너지가 생기고 성공하고자 하는 열망이 컸다. 반대로, 일이 헛바퀴만 도는 느낌이거나 의미 있는 성취 앞에서 장벽에 가로막혔을 때 동기는 떨어졌다. Z세대는 이 점이 더 도드라진다. 그들은 하는 일이 진전되고 있다고 느끼고 성취를 맛볼 때 동기 부여된다. 업무에 있어서 일의 진전은 가장 큰 동기 부여 요소다.

창의성 분야의 대가로 일컬어지는 하버드 경영대학원의 테레사 에머빌 역시 책 《전진의 법칙》에서 직장인이 행복을 느끼는 것은 자신의 업무에서 전진을 느낄 때라고 강조한다. 일이 진전되고 있다고 느끼게 하려면 5가지를 기억했으면 한다. 첫째, 강점과 니즈를 파악하라. 그러려면 평소 자주 대화를 해야 한다. 둘째, 적절한 수준의 업무를 부여하라. 충분한 니즈 파악이 전제되면 어렵지 않다. 어느 정도 노력하면 달성할 수 있는 업무를 맡겨라. 셋째, 중간 상황을 확인하라. 인내심을 가지고 살펴보고, 중간보고를 기대하기보다 직접 찾아가 도움이 필요한 부분을 지원하자. 넷째, 적절한 시기에 효과적으로 개입하라. 적시에 개입해 진척을 도울 만한 맥을 찾아 원 포인트 레슨을 하면 된다. 다섯째, 합리적으로 보상하라. 일을 잘 마무리했다면 아낌없이 격려하고 응당 적합한 보상도 잊지 말자.

6. 성장을 돕는 육성형 멘토가 되어라

2020년 대학내일20대연구소에서 Z세대가 원하는 직장 생활에 대해 조사한 적이 있다. Z세대가 업무를 통해 추구하는 가치는 자아실현(27.1%)이 1위로 나타났다. 2위가 지적 성장(18.6%), 3위가 경제 활동 수단(11.4%) 순이었다. 밀레니얼 세대가 경제활동 수단(28.5%)을 1위로 꼽은 것과 비교됐다. 자아실현은 미국의 산업심리학자 에이브러햄 매슬로우의 욕구 5단계의 최상단에 해당하는 욕구이기도 하다.

업무를 통해 추구하는 가치

밀레니얼 세대

자아실현 21.4%
지적 성장 10.1%
경제 활동 수단 28.5%

Z세대

자아실현 27.1%
지적 성장 18.6%
경제 활동 수단 11.4%

*출처: 대학내일20대연구소, 2020 취준생이 기대하고 사회초년생이 원하는 직장 생활 조사

매슬로우의 욕구 5단계를 요약하면 이렇다. 1단계는 의식주 등 생리적 욕구며, 2단계는 경제적 안정, 질서 등 안전 욕구다. 3단계는 사회적 욕구로 소속 및 애정욕이 이에 해당한다. 4단계는 존경 욕구로 명예, 성공, 자존심 등 타인으로부터 인정받고자 하는 욕구다. 5단계는 성장, 자아실현 등 자신의 잠재력과 가능성을 실현하는 욕구다. 우리나라 각 세대는 전혀 다른 시대를 살았고 욕구도 달랐다. 전통 세대는 1단계 생리적 욕구, 베이비붐 세대는 2단계 안전 욕구, X세대는 3단계 사회적 욕구, 밀레니얼 세대는 4단계 존경 욕구, Z세대는 5단계 자아실현 욕구를 해결하는 게 그들이 직면한 시대의 과제였다. 이렇듯 각 세대마다 시대가 달랐던 만큼 다른 욕구로 점철된 삶을 살았다.

Z세대의 성장을 돕고 동기 부여 하고자 한다면, 매슬로우의 욕구 5단계의 최상단에 있는 욕구인 자아실현을 도와야 한다. 잊지 말자. Z세대는 급여나 복지보다 '자아실현의 장'으로서 기업을 인식한다. 기업이 그들의 성장을 돕는 조직 문화를 조성해야 함은 두말할 나위 없다. 선배는 그들의 성장을 돕는 역할을 자처해야 한다. 단순히 그들의 마음을 북돋우는 치어리더보다는 자아실현과 성장을 돕는 학습 멘토가 되어야 한다는 것이다. 그렇지 못한 기업과 리더는 Z세대가 마음을 두고 오래 머무르게 하지 못할 것이다. 리더는 디지털 세대인 Z세대의 욕구에 관심을 가지고 그것을 충족시킬 방법을 고민해야 한다.

집단적 유산 욕구
Legacy

애정 및 존경 욕구
Love / Admiration

자기 표현 욕구
Self-representation

건강 욕구
Health

접근성 욕구
Access

안정 욕구
Maintenance

S사 김 팀장은 팀원들과 스터디 그룹을 만들어서 업무 관련 자격증 공부를 한다. 팀원들의 커리어를 고려해 도움이 되겠다고 판단해 기획한 것이다. 주니어 직원들은 자기 개발, 시니어 직원은 노후 대비 차원에서다. 팀원들은 자발적으로 자격증 공부를 위해 1시간 일찍 출근한다. 김 팀장은 스터디 그룹을 결성한 후 팀워크가 훨씬 좋아졌다고 한다. 요즘 유행하는 단어 중에 '과몰입'이라는 것이 있다. 과도한 몰입을 통해 자신을 발견하고 표현하고 과시하는 것이다. 김 팀장은 후배들의 자아실현 욕구를 잘 활용하는 사례라 하겠다.

2020년 대한상공회의소에서 발표한 〈한국기업의 세대 갈등과 기업 문화 종합진단〉이라는 보고서에 따르면, 우리나라 기업에 대해 '가족 같은 회사'에서 '프로팀 같은 회사'로 체질을 개선해야 한다고 쓴소리한다. Z세대를 맞이하는 조직과 리더가 더욱 새겨야 할 메시지다. 조직을 프로팀처럼 운영하려면 리더는 프로팀의 '코치' 같은 역량을 갖춰야 한다. 후배의 일과 삶 한복판으로 들어가 치열하게 부대끼고 나누는 플레잉 코치 같은 임무를 수행해야 한다. 보고서에서는 '프로팀' 기업 문화를 도입하려는 방안으로 '5R'을 제시한다. 가치 있는 헌신Re-establish, 상호 존중Respect, 성과와 결과Result, 보상과 인정Reward, 훈련과 성장Reboot이 그것이다. 특히 성장의 욕구가 강한 Z세대에게는 '훈련과 성장'에 초점을 둬야 함은 이제 두말하면 잔소리다.

Z세대 후배에게는 일만 시키지 말고 성장을 시켜야 한다. 과제를 맡겼다고 선배의 역할이 끝난 것이 아니다. 과제의 방향에 대해서도 같이 고민하는 시간도 가져야 한다. 마치 Z세대의 부모가 자녀의 진로에 깊게 관여한 것처럼 미래의 비전과 커리어 패스에 대해서 함께 나누는 것이다. 그리고 커리어와 역량 향상을 돕는 교육 기회를 제공하기 위해 노력하자. 적극적으로 자기 개발의 방향도 제안하고, 또 하고 싶어 하는 과제를 수행할 기회를 부여한다면 업무에 더 몰입할 것이다. Z세대에게 최고의 선배는 다름 아닌 '육성형 멘토'다. Z세대에게는 함께 하면서 성장한다고 느끼도록 하는 선배가 이상적인 리더다.

어렵기만 한 연상 부하

    H제조사에서 진행한 프로젝트 수행 중 관리자를 대상으로 인터뷰할 때의 일이다. 관리자 직책을 맡은 지 3개월이 된 김 팀장은 가장 큰 고민이 연상 부하와의 관계 정립이라고 토로했다. 팀장이 되면서 평소 상사로 모시던 선배가 부하가 되면서 관계가 애매해졌다는 것이다. 이러지도 저러지도 못하는 상황이었다. 어떤 업무를 맡겨야 할지 그 업무가 적당한 업무인지 생각이 많아졌다. 비단 이런 상황은 김 팀장만의 고민은 아닐 것이다. 연상 부하와 함께하는 관리자라면 흔히 마주하는 애로사항이다.

    조직에서 연상 부하 이슈가 점차 커지고 있다. 그 이유는 다음의 몇 가지 때문이다. 첫째, 기존 연공서열식 평가에서 능력 위주의 평가 및 승진이 확산되고 있어서다. 둘째, 조직이 수평적 구조로 변화를 도전받고 있는 탓이다. 셋째, 지속적 경기 불황 중 퇴사 후 대안 마련이 어려운 고연령 직원들이 지속 근무를 희망하기 때문이다. 넷째, 경력직 채용 인원이 증가하고 일명 중고 신입이 늘고 있는 것도 무시할 수 없는 이유 중 하나다. 이런 현상은 갈수록 심화할 것으로 보인다. 연상 부하 이슈는 지속될 것이라는 의미다.

연상 부하와 일하는 연하 상사가 호소하는 고민을 갈무리해보면 다음의 4가지로 요약된다. 첫째, 연상 부하에게 업무 지시하기가 어렵다는 것이다. 전에 모시던 상사였다면 업무 지시가 어색하고 힘든 건 당연하다. 그래서 업무 지시가 아니라 부탁하게 된다고들 푸념한다. 더 힘든 건 싫은 소리를 하거나 업무 지적을 해야 할 때다. 어떻게 받아들일지 머릿속으로 수십 번 시뮬레이션하게 된다. 연하 상사에게 연상 부하는 마냥 어렵고 조심스럽기만 하다. 둘째, 연상 부하가 업무에 대해 수동적이라는 점이다. 역량과 시간 모두 충분한데도 주도적으로 업무를 하지 않는다는 것이다. 연상 부하의 낮은 업무 의욕은 더 힘 빠지게 하는 부분이다. 셋째, 지시한 업무도 제대로 하지 않는다는 것이다. 연상 부하는 데이터보다는 과거의 경험을 기준으로 판단하려 든다. 생각하는 게 리더보다 더 과거에 갇혀 있는 듯하다. 넷째, 어떻게 동기 부여해야 할지 어렵다는 것이다. 뒷방 늙은이 취급하지 않고 대

접받고 있다고 느끼도록 하는 게 여간 어려운 일이 아니다.

어렵기만 한 연상 부하와 어떻게 소통해야 할까? 먼저, 계급장 떼고 선배로 인정해야 한다. 특히 반말하거나 공개 석상에서 질책하는 것은 상대방의 자존심을 건드리는 것임을 유념해야 한다. 둘째, 평소에 잦은 대화를 통해 신뢰를 쌓아야 한다. 이를 위해서는 연상 부하의 관심사를 파악하고, 차나 술 한잔 하며 자주 대화를 나누는 것이다. 셋째, 매사에 존중 화법을 사용해야 한다. 얼마 전까지 선배였던 연상 부하 관점에서 직급이 높다는 이유만으로 존중 화법을 쓰지 않는 관리자는 예의 없는 사람으로 낙인되기 쉽다. 넷째, 상호 업무 기대치와 역할을 구체화해야 한다. 어떻든 서로 업무적으로 맺어진 관계이기 때문에 일에 관한 한 서로의 기대를 명확히 하는 것이 중요하다. 직장인이면 누구나 조직과 자신의 역할과 책임이 불분명하고 혼란스러울 때 불행을 느끼기 때문이다.

그렇다면 연상 부하를 어떻게 동기 부여 해야 할까? 첫째, 대화를 통해 숨은 니즈를 파악해야 한다. 연상 부하는 조직 내 성장 욕구보다는 뭔가 다른 욕구들을 더 추구하게 마련이다. 찬찬히 대화로 그 니즈를 확인해 그것을 충족할 방법을 모색해야 한다. 둘째, 최신 정보나 학습 기회를 제공한다. 연상 부하도 배움이 필요하다. 변화하는 트렌드에 금방 뒤처지기에 십상이기 때문이다. 그들이 안 배우려 한다는 선입견은 버려야 한다. 셋째, 그들의 경험과 노하우를 후배에게 전수할 수 있는 창구를 제공해야 한다. 멘토링, 후배 육성 등의 방법으로 연상 부하가 그간 쌓은 경험과 지혜를 젊은 후배들에게 나눠 줄 기회를 공식적으로 부여하는 것이 효과적이다. 넷째, 센스 있게 건강까지 챙긴다. 연상 부하의 건강 이슈를 파악해 업무 시간과 업무량을 적절히 조절하면서 배려한다면 금상첨화일 것이다.

연하 상사와 연상 부하 중 누가 더 힘들까?[51]

37.8%   62.2%

■ 연하 상사랑 일하기가 더 힘들다
■ 연상 부하랑 일하기가 더 힘들다

　　연하 상사와 연상 부하의 관계에 관한 연구에 따르면, 연상 부하들은 연하 상사에 대해 다른 연하 부하들보다 기대를 덜 한다. 그리고 연하 상사의 리더십 행동에 대해서도 상대적으로 낮게 평가한다. 나이가 어리다는 이유로 연하 상사가 미숙해 보이는 것이다. 손뼉도 마주쳐야 소리가 나듯, 연하 상사뿐 아니라 연상 부하도 함께 노력하는 줄탁동시啐啄同時가 필요함을 알 수 있다. 또 염두에 둘 것이 있다. 한 설문에 따르면, 연상 부하가 연하 상사보다 더 힘들어한다고 한다. 연하 상사도 연상 부하 이상으로 노력해야 함을 시사한다.

어쩌면 연상 부하와의 관계는 그다지 어려운 문제가 아닐 수도 있다. '역지사지易地思之'하면 해결될 수 있는 일이다. 지금은 상사지만 언젠가 처지가 바뀌어 연상 부하가 될 수 있으니 말이다. 그런 미래 모습을 생각하며 내가 상사일 때 연상 부하의 긍정적인 역할 전환을 돕는 임무를 잘 수행해보면 어떨까?

꼰대로 보일까 봐
침묵하지 마라

십수 년 이상 직장 생활을 한 선배 세대라면 함께 일하는 선배나 동료를 집에 초대하거나 초대받아 본 경험이 있을 것이다. 시간을 과거로 거슬러 올라가면, 함께 일하는 직원들의 집에 숟가락이 몇 개인지 알던 시절도 있었다고 한다. 그만큼 직장인들 사이에 끈끈한 유대가 있었다. 하지만 요즘 그런 얘기가 아주 먼 옛날얘기처럼 다가온다. 초대는커녕 함께 모여 회식하기도 여간 어려운 게 아니다. 이런 변화를 보며 선배 세대는 격세지감을 느끼게 마련이다.

많은 선배 세대가 후배 세대를 대할 때 보통 신경 쓰이는 게 아니라고 호소한다. 조직에서 성과를 위해 구성원을 일사불란하게 통솔해야 하는 상황에서 리더의 입장은 더 애가 탄다. 후배와 가까이 지내는 게 어려운 선배 세대, 후배와 어느 정도 거리가 적합할지가 고민이 아닐 수 없다. 인류학자 에드워드 홀은 관계에서 물리적 거리에 관해 연구했다. 그는 가족과 연인처럼 친밀한 거리는 45cm(18인치), 지인이나 동료 사이의 개인적 거리는 45~120cm(1.5~4피트), 초면인 사람과의 사회적 거리는 1.2~3.6m(4~12피트) 정도로 봤다. 물리적인 거리야 적당히 유지할 수 있다지만, 마음의 거리는 어떻게 측정해야 할까? 후배에게 다가가고 싶을 때 어디까지가 적정한 거리인지 말이다. 많은 리더가 그 경계를 분명하게 정하지 못해 업무와 관계에 어려움을 겪고 있다. 여기서 선배 세대에게 제안해본다. 직장에서 젊은 후배들과 함께 할 때 그냥 넘어가도 좋은 것과 그냥 넘어가면 안 되는 것을 나름 정해보았다. Z세대 후배들의 의견을 수렴하면서 선을 가늠해 봤다.

먼저 그냥 넘어가도 좋은 것은 사생활 조언이나 질문이다. 연애나 결혼, 출산에 관한 생각, 부동산, 정치 성향 등이 그것이다. 후배 직원이 주말에 어디서 누구를 만나든 신경을 끄자. 휴가를 낸 후배가 있다면 구체적으로 휴가 때 뭐할지도 묻지 말자. 그럴 만한 이유가 있어 휴가를 내지 않았겠는가. 이사를 하는 후배가 있다면 도와주지는 못할망정 "몇 평이니? 얼마니?"라는 질문 따위는 하지 말자. 사적인 영역에서만큼은 관심을 끄는 게 현명하다. Z세대 후배들은 사적인Private 것을 따져 묻는 것에 민감하다.

반대로 그냥 넘어가면 안 되는 것이 있다. 업무 목표 달성 여부, 납기 준수 여부, 업무 산출물의 품질 등 업무 차원 피드백이 바로 그것이다. 이런 업무 영역을 피드백할 때는 주저하지 말아야 한다. 회사에서 업무를 하는 것은 이런 일을 잘 챙겨서 성과를 내기 위해서다. 이 점은 후배들도 잘 알고 있다. 업무 차원의 피드백이 부족하면 후배 직원이 더 답답해할 수 있다. 업무적인 얘기는 적극적으로 해야 한다. Z세대를 맞이한 선배라면 공자가 얘기한 불가근불가원不可近不可遠을 실천해봄은 어떨까? 업무나 관계적으로 너무 가깝지도 멀지도 않은 거리를 유지하는 지혜 말이다.

Z세대에게 피드백 하는 법	
그냥 넘어가도 좋은 것	그냥 넘어가면 안 되는 것
사생활 조언이나 질문 연애나 결혼 출산에 대한 생각 정치 성향 등	업무 차원 피드백 업무적 목표 달성 여부 약속한 일정에 대한 책임 여부 업무 산출물의 퀄리티 등

《예언자》에서 배우는
꼰대 탈출 노하우

칼릴 지브란은 철학자이자 화가, 조각가, 신학자, 시인으로 유럽과 미국에서 활동한 레바논계 미국인이다. 뉴욕에서 48세를 일기로 생을 마감하기까지 아랍어와 영어로 쓴 여러 편의 시와 산문을 남겼다. 지브란은 작품에서 기독교를 많이 다루었는데, 특히 영적인 사랑의 주제를 즐겨 다루었다. 그의 시는 번뜩이는 영감이 충만한 언어로 가득하다. 삶의 화두에 대한 깊은 통찰을 보여 준다. 지브란의 작품 중 가장 널리 알려진 건 《예언자》다. 스물여섯 편의 시적인 산문으로 이뤄졌으며, 20세기에 영어로 출간된 책 중에서 성경 다음 많이 팔린 책으로 기록되었다. 사람들은 이 책을 '20세기의 성서'라고 까지 부르기도 한다.

저자는 《예언자》를 세대 연구자의 시각에서 밑줄을 긋고 메모하면서 여러 번 읽었다. 책을 거듭 읽으면서 선배 세대가 가슴에 새길만 한 의미 있는 메시지를 정제해 낼 수 있었다. 지브란은 시공을 초월해 현재를 살아가는 우리에게 많은 메시지를 전한다. 꼰대 탈출을 원하는 사람이라면 두고두고 되뇔만한 경구를 여섯 가지로 정리해 보았다.

1계명. 가르치려 들지 않기

"제자들에게 둘러싸여 사원의 그늘 아래를 거니는 선생이라 하여도 자신의 지혜를 나눠줄 수 없는 법입니다. 비록 자신의 믿음과 사랑을 베풀 수는 있어도 그가 진실로 현명하다면, 그대들에게 자기가 지은 지혜의 집으로 들어오라고 강요하지 않을 것입니다… 한 사람이 가진 상상의 날개를 다른 이에게 빌려줄 수 없기 때문입니다. 그대들 각자가 스스로 힘으로 신을 깨닫고 있듯이, 그대들은 따로따로 신을 깨닫고 각자 이 땅을 이해해야 합니다."

2계명. 간섭하지 않고 인정하기

"함께 노래하고 춤추며 기뻐하되 서로에게 혼자만의 시간을 주십시오. 마치 기타의 줄들이 하나의 음악에 함께 떨릴지라도 서로서로 떨어져 있는 것처럼. 서로 마음을 주되 서로의 마음을 가지려 하지 마십시오. 생명의 손길만이 그대들의 마음을 소유할 수 있습니다. 함께 서 있되 너무 가까이 서 있지는 마십시오. 사원의 기둥이 서로 떨어져 있듯이, 참나무와 사이프러스 나무도 서로의 그늘에서는 자라지 못하는 법입니다."

3계명. 속마음을 읽고 아낌없이 내어 주기

"남이 부탁할 때 주는 것은 좋은 일입니다. 허나 남이 부탁하지 않는데도 속마음을 읽어 주는 것은 더 좋은 일입니다. 아낌없이 주는 사람은 베푸는 일보다 도움받을 사람을 찾는 일에서 더 큰 기쁨을 발견하는 법입니다. 그대들이 끝까지 움켜쥘 수 있는 것이 과연 있습니까. 그대들이 가진 것은 언젠가 모두 내어 주어야 합니다. 그러니 지금 주십시오. 그대들 뒤를 이을 아이들에게 주지 말고, 사계절 내내 아낌없이 주십시오."

4계명. 남보다 내 허물부터 살펴보기

"자신의 허물은 벗지 못하면서 남 보고는 벌거벗고 부끄러움도 모른다고 하는 늙은 뱀은 어떻습니까. 혼인 잔치에 일찍 일어나 잔뜩 먹고 지칠 때까지 놀고 난 뒤, 돌아가면서 모든 잔치는 법을 위반하는 것이며 잔치 손님들은 모두 범법자라고 하는 자는 어떻습니까."

5계명. 후배를 시간 때우는 도구로 삼지 않기

"시간을 적당히 때우기 위해 친구를 찾는다면 그 친구가 무슨 소용이 있겠습니까. 언제나 시간을 활기차게 보내기 위해 친구를 찾으십시오. 친구는 그대들의 공허함을 채우는 존재가 아니라, 그대들의 부족함을 채우기 위한 존재가 되어야 합니다. 그러니 기쁨을 함께 나누면서 우정의 따스함 속에 웃음이 깃들도록 하십시오. 마음은 하찮은 이슬 한 방울에서도 아침을 발견하고 생기를 되찾기 때문입니다."

6계명. 아름다운 언어 사용하기

"말이 많아지면 생각의 반은 죽게 됩니다. 생각이란 하늘을 나는 새와 같아서, 말의 감옥 속에서 날개를 펼 수 있을지 몰라도 날아오르지는 못하기 때문입니다… 그대들이 길거리에서나 시장에서 친구를 만나거든, 그대들 안의 영혼이 입술을 움직이고 혀를 굴리게 하십시오. 그대들 내면의 목소리가 그의 내면의 귀에 속삭이도록 하십시오. 그의 영혼은 그대들 마음의 진실을 영원히 간직할 것입니다… 그대들의 몸은 그대들 영혼의 하프. 그 하프에서 감미로운 음악을 뽑아낼지 혼탁한 소리를 낼지는 그대들에게 달려 있습니다."

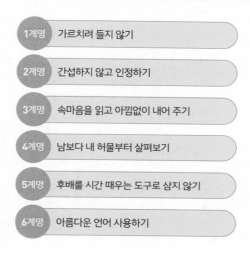

칼릴 지브란이 전하는 꼰대 탈출 6계명

1계명 가르치려 들지 않기

2계명 간섭하지 않고 인정하기

3계명 속마음을 읽고 아낌없이 내어 주기

4계명 남보다 내 허물부터 살펴보기

5계명 후배를 시간 때우는 도구로 삼지 않기

6계명 아름다운 언어 사용하기

칼릴 지브란이 《예언자》를 통해 던지는 여섯 가지 메시지다. 지금은 그야말로 역전의 시대라고 해도 과언이 아니다. 자식이 부모보다 더 많이 알고, 학생이 교수보다 더 스마트하고, 사원이 임원보다 더 똑똑하고, 말단 공무원이 고위 공직자보다 더 일 잘하는 시대다. 선배라고 대뜸 반말부터 하거나 가르치려 들지 말고, 잘난 척 아는 척하지 말자. 꼰대가 아니라 어른이 되자.

5장

• Z세대와 소통하는 법

Generation Z

그들만의 소통 문법

Z세대와 소통하는 선배들이 공통으로 호소하는 것이 있다. 밀레니얼 세대보다 소통하는 게 더 어렵다는 점이다. 밀레니얼 세대에 적응도 하기 전에 맞이한 Z세대는 여러모로 선배 세대를 곤란하게 한다. Z세대와 함께 소통해야 하는 선배 세대 관점에서 Z세대의 소통 특징을 파악하는 것은 유의미한 일이 아닐 수 없다. 앞서 3장에서 분석한 Z세대의 DNA별로 그들의 소통 특징을 다음과 같이 정리해본다.

DNA별 Z세대의 소통 특징

01 경제관념 공정과 실리를 중시한다

02 재미 지루한 건 못 견딘다

03 감각적 느낌적인 느낌이 중요하다

04 영상 사고 메시지는 되도록 짧고 간결해야 한다

05 개성 뻔한 건 됐고 나다움이 먼저다

06 미래 지향 불안한 미래는 싫다

특징 1. 공정과 실리를 중시한다

명절에 세뱃돈이나 용돈을 받은 상황을 생각해 보라. 저자만 하더라도 어릴 적에 부모님이나 일가친척 어른들이 세뱃돈을 주실 때면 으레 남동생보다 단 몇천 원이라도 더 주셨다. 그땐 그런 차별(?)을 당연하게 받아들였다. 하지만 요즘은 어떤가? 자녀에게 세뱃돈을 차별해서 줄라치면 동생이 바로 불공정을 호소하며 따진다. 저자도 몰래 큰 딸에게 더 많은 금액을 준 게 둘째 딸에게 발각이 돼서 곤욕을 치른 기억이 있다. 그런 경험을 몇 번 하고 나서부터는 두 딸에게 같은 금액을 준다.

Z세대의 출산율이 1명 내외라는 것을 고려하면 대개 외둥이로

자랐다. 이런 이유로 공정에 대한 이슈를 남다르게 받아들이는 것인지도 모른다. Z세대의 공정에 대한 인식은 '다양성'의 관점에서 보면 이해를 높일 수 있다. 세계적으로도 인종, 성별, 성 정체성 등의 이슈에 대해 가장 열린 사고를 하는 세대가 바로 Z세대다. 그들은 선배 세대보다 다양성에 대한 요구가 강하다.

한편, Z세대는 실리, 즉 실용과 편리를 중시한다. 이를 잘 보여주는 사례가 식품, 요식산업이다. 최근 도어대시, 우버이츠를 비롯해 배달의 민족, 요기요, 쿠팡이츠 등 배달 앱들이 빠르게 성장하고 있다. 바이러스 팬데믹의 영향도 있지만, 그 배경에는 시간 절약과 편리함이라는 성공 요인이 Z세대의 특성과 맞아떨어진 부분을 간과할 수 없다. Z세대가 배달앱을 선호하는 이유는 전화나 대면 소통으로 인해 발생하는 불필요한 스트레스를 최소화할 수 있다는 점도 무시할 수 없는 대목이다.

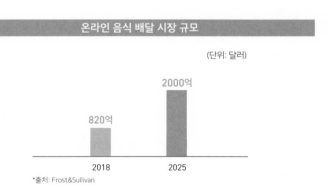

온라인 음식 배달 시장 규모

(단위: 달러)

2000억

820억

2018   2025

*출처: Frost&Sullivan

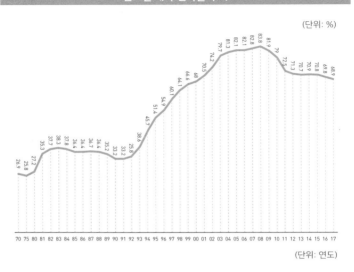

연도별 대학 진학률 추이

(단위: %)

81.9
83.8
82.8
82.1
82.1
81.3
79.7
74.2
70.5
68
66.6
64.1
60.1
54.9
51.4
45.7
38.6
33.2
33.2
35.2
36.4
36.7
36.4
37.8
38.3
37.7
35.3
27.2
25.8
26.9
79
72.5
71.3
70.9
70.8
70.7
69.8
68.9

70 75 80 81 82 83 84 85 86 87 88 89 90 91 92 93 94 95 96 97 98 99 00 01 02 03 04 05 06 07 08 09 10 11 12 13 14 15 16 17

(단위: 연도)

    Z세대의 실리를 중시하는 성향은 대학 진학률을 봐도 읽어낼 수 있다. 밀레니얼 세대의 대학 진학률은 2008년에 83.8%로 정점을 찍고 60%대까지 떨어지고 있다. 왜일까? 학위를 반드시 취득해야 한다는 생각이 줄어들고, 학비로 들어가는 비용을 다른 데 투자하는 생각의 전환을 했기 때문으로 풀이할 수 있다. X세대 부모의 양육 방식도 큰 영향을 미쳤지만, 과거에 비해 유튜브 등 정보 접근성이 높아졌고, 유튜브 크리에이터, 인플루언서 등 고학력을 필요로 하지 않은 직업들이 다양하게 늘어난 측면도 있다. 우리나라는 대졸자를 요구하는 일자리가 30~40%밖에 안 되

는 데 반해, 여전히 대학 진학률은 과도하게 높은 편이다.

특징 2. 지루한 건 못 견딘다

Z세대의 모든 것은 '재미'로 귀결된다. 긴 영상 대신 요점만 강렬하게 전하는 숏폼Short form 영상, 옛것의 촌스러움을 새로운 감수성으로 해석한 뉴트로 열풍 등은 모두 재미를 쫓는 Z세대 기호와 관련이 있다. 선배 세대가 소유에 방점이 있었던 것과 비교해, Z세대는 접속과 재미에 무게 중심을 둔다. 이왕이면 재미있는 것을 찾아 유쾌하게 소비하는 펀슈머Funsumer로서의 특징을 여실히 보여 준다. 한 시장 조사 기관에서 미국의 12~24세 연령층을 대상으로 진행한 연구에 따르면, Z세대는 단순히 오락물을 소비하는 것이 아니라 오락물을 만들고 형성하는 데 적극적으로 관여한다고 설명한다.

Z세대는 관계도 남다르다. 혈연, 지연, 학연 등으로 끈끈하게 연결되는 선배 세대와 달리, 취향이 비슷한 사람들과 가벼운 관계를 맺는 것이 특징이다. 그들은 선배 세대가 취향이 맞지 않는 사람과의 애매하고 불편한 강한 연대Strong Ties를 하는 것과 거리가 있다. 취향을 존중받을 수 있고 서로 통해도 취향이 맞지 않을 때는 깔끔하게 정리하는 느슨한 연대Weak Ties를 선호한다. 이런 Z세대에게 중요한 것이 바로 '재미'다. 함께하면서 재미가 있다면 뭐든 통한다. 지루한 것을 견디지 못하면서도 아무 의미 없어 보이

는 말과 행동도 재미있으면 다 용서된다. 그래서 이들을 가리켜 무민無·mean, 의미 없음 세대라고 일컫기도 한다

이렇게 Z세대가 재미에 탐닉하는 이유는 무엇일까? 앞서 언급했듯이 평가가 일상인 학창 시절을 보면 실마리를 찾을 수 있다. 그들은 선배 세대보다는 강도 높은 끊임없는 토너먼트 경쟁 가운데 노출됐다. 치열한 경쟁은 흡사 그들이 보고 자란 공개 오디션 프로그램을 많이 닮았다. 일거수일투족을 철저하게 평가받고 생존을 위해 분투해야 하는 그런 모습 말이다. 그 과정에서 받은 스트레스가 오죽하겠는가? '재미'는 Z세대에게 탈출구를 넘어 몸부림일 수 있다. Z세대가 소셜 미디어를 비롯해 재미를 제공하는 공간이면 어디든 그곳으로 스며드는 이유다. 그들이 메타버스에 둥지를 트는 것도 그들에게 안성맞춤의 유희 공간이기 때문이다.

특징 3. 느낌적인 느낌이 중요하다

Z세대는 '유튜브 세대', '영상 세대'라는 별명답게 감각적이고 직관적이다. 그들은 어려서부터 스마트 기기를 능숙하게 활용하면서 세상과 접속했다. Z세대는 궁금한 것이 생기면 검색 엔진보다는 유튜브로 서핑한다.[52] 훨씬 실감 나는 정보를 얻을 수 있기 때문이다. 반대로 그들에게 TV는 좀 불편하다. 케이크 위의 체리만 쏙 빼먹는 얌체처럼 보고 싶은 부분만 취사 선택해서 즉시 볼 수 없기 때문이다. Z세대는 정보에 접근할 때 스캔하듯 전체를

살피고 기호를 판단한다. 그리고 필요한 것만 캐낸다.

Z세대는 느낌적인 느낌으로 사실 여부를 직관적으로 판단하는 능력이 있다. 스마트 기기의 영향으로 시각 처리와 시각 인식을 관장하는 후두엽이 더 발달했을 것이라고 합리적으로 의심할 수 있다. 이런 감각적인 특성은 상품을 살 때도 투영된다. 그들은 가성비를 따지지만, 첫인상도 중요하다. 상품의 포장이 예쁘지 않으면 그들의 마음을 얻기 어렵다. 그들은 가격뿐 아니라 디자인과 포장도 중요하다. 만약 그들이 산 상품이 마음에 들었다면 후기를 공유하는 데도 적극적이다.

특징 4. 메시지는 되도록 짧고 간결해야 한다

가끔 Z세대인 딸들에게서 영상 통화가 걸려 오고 문자가 날아온다. 문자는 아주 간단한 문장이나 초성이 대부분이다. 문법 따위는 지킬 의도가 전혀 없다. 우스꽝스러운 사진이나 짤 영상을 보내기도 한다. SNS는 단지 메시지를 전하는 용도 이상 유희의 수단이다. SNS에 과몰입하는 Z세대의 소통은 문장과 단어를 통해 한꺼번에 많은 메시지를 전하는 선배 세대와 비교된다. 그들은 간결하고 함축적인 초성과 이모티콘만으로도 소통한다.

Z세대의 다른 소통의 배경에는 '구별 짓기', '선 긋기' 심리가 내재해 있다. 어떻든 나이 든 선배 세대와는 다르게 하고 싶은 것이다. 같은 무언가를 하더라도 다르게 함으로써 차별화된 자신을

드러낸다. Z세대의 구별 짓기는 일종의 본능이다. 사실 어느 세대든 젊은 시절에는 통상 그런 특성을 보인다. 선배 세대도 신세대로 주목받던 때엔 구별 짓기 본능에 충실했다. 다만 시대가 바뀌면서 존재를 드러내는 수단과 방법이 바뀌었을 뿐이다.

특징 5. 뻔한 건 됐고 나다움이 먼저다

"부서원 중에는 점심도 혼자하고, 식사를 마치고는 피트니스 센터에서 혼자 운동하는 후배도 있어요. 그래서 함께 식사하기도 어려워요. 예전엔 직장에서 혼밥은 상상도 못 했잖아요."

대기업의 한 리더가 혼자 있는 게 편한 후배 직원 사례라며 들려준 얘기다. 조직 내 자발적 '아싸(아웃싸이더)'가 점차 늘고 있다. 사람인의 설문에 따르면, 직장인 10명 중 4명은 '자발적 아싸'라고 한다.[53] 아싸는 과거 '왕따'와는 좀 다르다. 인간관계의 부담, 개인 시간의 확보, 사회성 부족 등의 이유로 직장 생활 중 의도적으로 관계를 피하는 것이다. 다양한 정체성을 가진 개성 강한 Z세대의 특성과 관련이 있다. Z세대는 자신을 '마싸(마이 싸이더)'라고 부른다. 그들은 사회적 기준이 아니라 자신만의 기준을 따른다. 끈끈한 연결을 기대하는 선배 세대로서는 답답할 노릇이다. 혼자 식사하는 직장인이 늘고 있는 것은 이젠 꽤 낯익은 풍경이

됐다. Z세대가 조직 구성원의 다수를 차지하게 될 때쯤에는 이런 현상이 심화될 게 뻔하다.

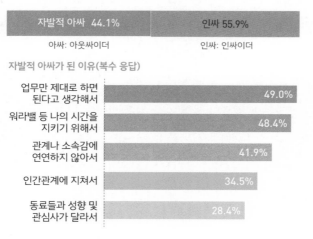

직장인 자발적 아싸

회사원 44%, 나는 자발적 아싸!

자발적 아싸 44.1%	인싸 55.9%

아싸: 아웃싸이더   인싸: 인싸이더

자발적 아싸가 된 이유(복수 응답)

업무만 제대로 하면 된다고 생각해서	49.0%
워라밸 등 나의 시간을 지키기 위해서	48.4%
관계나 소속감에 연연하지 않아서	41.9%
인간관계에 지쳐서	34.5%
동료들과 성향 및 관심사가 달라서	28.4%

*직장인 1,314명 설문 조사(자료: 사람인)

큰딸이 시험이 끝난 어느 날 용돈을 달라고 해서 물었더니 노래방에 간다고 했다. 당연히 친구들과 가겠지 했는데 그게 아니었다. 혼자 코인노래방에 간다는 것이었다. '혼코노'를 즐기는 Z세대 딸내미, 무슨 재미로 가느냐 물으니 혼자서도 재미있단다.

나답게 즐기고 싶은 Z세대에게 노래방은 혼자 가든 여럿이 가든 중요한 건 아니다. 노래방 하면 으레 맨정신보다는 얼큰하게 한 잔하고 2차 내지는 3차 때 가는 곳이었던 선배 세대에게 격세지감을 느끼게 한다.

이렇게 Z세대가 나만의 방식으로 즐기는 것은 제품 소비에도 투영된다. 나를 드러낼 수 있는 제품을 선호하는 Z세대의 특성은 이들을 고객으로 하는 기업에 미치는 영향이 점차 커지고 있다. 예컨대 패션이나 뷰티업계에서는 디자인 옵션을 대폭 확대하거나 ICT Information Communication Technology 기술을 활용해 개인 맞춤형 제품을 제작하고 있으며, 소비자가 직접 만드는 DIY Do It Yourself가 점차 늘어나는 추세다. 식품에 대한 소비도 바뀌고 있는데, Z세대는 선배 세대가 즐기던 삼겹살이나 목살 대신 특수 부위를 선호한다. 뭐든 선배 세대와는 다른 행보다.

건강, 자기 개발 등 나다움에 투자하는 소비 패턴을 지닌 Z세대의 파워는 점차 강해질 것이다. 최근 건강 기능 식품의 매출이 매년 꾸준히 성장하고 있는데, Z세대 소비자의 증가도 한몫한다. 건강기능식품협회에 따르면, 20대의 건강식품 구매율은 47.9%로 2020년 대비 18.3% 상승했다. 밀레니얼 세대에 이어 Z세대가 소비문화의 핵심 세력으로 바통을 이어받으면서 점차 입김이 세지고 있다. 한편 Z세대가 가족 지출에서 미치는 영향이 크다는 것도 앞서 설명한 바 있다. Z세대의 생산 인구가 늘어나고 경제력이 커질수록 소비문화의 패턴을 크게 바꿀 것으로 보인다.

특징 6. 불안한 미래는 싫다

막연한 미래보다는 현재를 중시하는 밀레니얼 세대의 성향을 지칭하여 욜로YOLO 세대라고 불렀다. 하지만 Z세대는 좀 다르다. 그들은 불확실한 미래는 싫다. 회사에 입사하면 평생직장이 보장됐던 시대와는 다르게 회사가 자신의 미래를 책임져 주지 못한다고 생각한다. 최근 입사한 신입 사원의 높은 퇴사율은 이를 증명한다. Z세대는 조직의 관성에 동조하지 않는다. 그들은 조직을 자신의 성장과 성취를 위해 어떻게 활용할 것인가의 측면에서 인식한다.

이렇게 미래에 대한 불안이 크고 현실적인 Z세대에게 회사에서 주인 의식을 기대하고 공동체 의식을 발휘하게 하는 것은 여간 어려운 일이 아니다. 그들에게는 회사가 자신의 성장에 도움이 된다는 인식을 갖도록 하는 게 현실적이다. 선배 세대는 미래에 대해 함께 생각하면서 그들의 미래 준비를 돕는 것이 지혜로운 방법이다.

Z세대가 지닌 불안함은 혼자 남겨지는 것에 대한 두려움FOMO, Fear Of Missing Out, 온라인 공간에서 소외되어 오프라인 세상에 사는 두려움FOLO, Fear Of Living Offline이 공존한다.[54] 그들이 업무 시간 중에도 수없이 SNS를 보는 것은 이 때문이다. 그들은 하루 100번

SNS 계정을 확인하고 하루 평균 약 9시간을 소비한다고 한다. 애초 업무에 오롯이 집중하는 모습을 기대한다는 게 어려운 세대인지도 모른다.

이상에서 알아본 바와 같이 Z세대는 선배 세대와는 사뭇 다른 소통의 특징을 지녔다. 이들에게 과거의 관행대로 소통한다면 과연 먹힐까? 그렇지 않을 가능성이 높다. 그럼 Z세대와 어떻게 소통해야 할까? 지금부터 Z세대와의 소통법에 대해서 살펴보도록 하자.

직장에서 만난 Z세대

Z세대는 바이러스 팬데믹으로 수업 대부분을 온라인으로 경험한 세대다. 그래서일까? 그들은 밀레니얼 세대보다 대면 소통에 어려움을 더 느끼는 듯하다. 이 기간 그들은 주로 온라인을 통해 소통하면서 선후배 관계가 흐릿해졌다. 심지어 학교에서 같은 학번끼리도 만날 일이 드물었다. 과거와 달리 같은 학과 선후배 간에도 'OOO 씨'라고 부른다. Z세대는 입사도 힘들지만, 회사에 들어와서도 적응하기 어렵기는 매한가지다. 그들이 관계에서 겪는 스트레스는 선배 세대가 생각하는 것 이상이다. 그런데 Z세대는 그런 스트레스를 잘 표현하지도 않는다. 회계 법인이자 컨설팅 회사인 딜로이트 글로벌에서 발표한 2021년 MZ세대 조사 결

과를 보면, 우리나라의 Z세대는 다른 나라에 비해 바이러스 팬데믹 기간 중 받은 스트레스를 솔직히 털어놓지 않는다고 밝히기도 했다.[55]

이렇게 좀처럼 마음을 열지 않는 Z세대와 소통하려면 어떻게 해야 할까? 앞서 살핀 Z세대에게 영향을 미친 요인과 특징 등을 통해 그들의 특성을 이해했다면, 이제 그에 맞는 지혜로운 소통 방법을 고민할 차례다. 4장에서 '업무' 관점에서 Z세대와 일하는 법을 살폈다면, 5장은 '관계' 관점에서 Z세대와 소통하는 법을 알아본다. 저자의 경험과 연구를 토대로 Z세대와 소통을 위한 방법을 소개한다.

다음의 6가지 소통 방법으로 Z세대에게 더 가까이 다가가기를 바란다.

Z세대와 소통하는 방법

01 이익과 이유를 납득시켜라

02 편하게 대하도록 유연한 분위기를 조성하라

03 솔직하고 진정성 있게 대하라

04 그들의 소통 방식과 언어를 배우라

05 사적 대화(Small Talk)로 신뢰를 저축하라

06 성장을 돕는 대화를 하라

1. 이익과 이유를 납득시켜라

선배들은 Z세대 후배들이 '알잘딱깔센'하기를 기대한다. '알아서 잘 딱 깔끔하고 센스 있게' 일하기를 바란다. 하지만 선배들이 느끼기에 함께하는 후배들은 '딱 시키는 일만 한다.'라는 게 현실이다. 민간, 정부, 공공 기관 할 것 없이 대부분 선배가 한목소리로 호소하는 공통점이다. 이쯤 되면 선배로서는 거절이 부담스러워 후배들 눈치를 더 본다는 말이 허언이 아님을 알 수 있다. 그렇다고 Z세대 후배와 담을 쌓고 지낼 수도 없는 노릇이다. 그럼 어떻게 해야 할까?

선배 세대는 그야말로 '척하면 척'이 통했다. 시쳇말로 개떡 같이 얘기해도 찰떡같이 알아들었다. 과거에는 애매하게 업무 지시하는 선배에게 따져 물으면서 지시 내용을 명확히 하는 것이 일반적이지는 않았다. 해석은 오롯이 후배 직원의 몫이었다. 그래서 회사 생활 꽤 한다는 사람은 하나같이 선배의 코드를 잘 읽는 역량을 지녔었다. 하지만 지금은 그런 애매한 업무 지시 자체가 통하지 않는다. 업무의 방향성이 불명확할 때 누구나 답답함을 느낀다. 만약 후배에게 대충 업무 지시한다면, 아마도 후배는 업무를 대충 해 올 것이 뻔하다.

조직에서 '3요 주의보'가 발령되었다고 한다. 내용인즉 "이걸요?", "제가요?", "왜요?"라고 묻는 젊은 직원들 때문이란다. 일부 기업에서는 임원을 대상으로 대응 교육까지 진행했다.[56] 그렇다.

특히 Z세대는 피드백이 명확해야 하는 세대임을 인식하고, 그들에게 업무 지시할 때는 이익과 이유를 납득시켜야 한다. 어떤 상황에서든 선배 세대는 Z세대의 위 3가지 질문에 충분히 설득력 있게 답할 수 있어야 한다. 그들을 'Why 세대'라고 이해하는 편이 현명하다. 업무 지시할 때 '무엇What'보다는 '왜Why'에 방점을 두고 명분을 설득해야 한다는 것이다. 만약 Z세대 후배에게 부득이 간단한 청소나 커피 심부름 같은 허드렛일을 맡긴다고 가정해 보자. 그런 일도 상황에 따라서 해야 할 때가 있지 않은가? 그럴 때는 이유를 충분히 납득시키면 된다.

평소 후배와 신뢰 관계가 잘 쌓여 있다면 이런 업무 지시가 별반 어려운 일이 아닐 수도 있다. 문제는 아직 충분히 신뢰가 형성되지 않은 상황이다. 공정과 실리를 중시하는 Z세대에게 이해가 안 되는 일방적인 업무 지시는 반감을 갖게 할 수 있다. 그런 상황에 부닥친다면 눈치 보지 말고, 왜 이 일을 해야 하는지부터 납득시킨다는 생각으로 지시하면 된다. Z세대는 왜 일해야 하는지 맥락이 이해됐는데도 매몰차게 거절하지는 않는다. 그런 경우라면 Z세대여서라기보다는 개인의 특성 내지는 성품 문제일 확률이 높다.

2. 편하게 대하도록 유연한 분위기를 조성하라

조직의 리더 중 소통에 능한 사람에게는 나름의 비결이 있다. 그들에게 소통의 비결을 물으면 하나같이 특별한 게 없다며 겸손해한다. 그런데 소통의 비결을 분석해 보면 싱거울 정도로 정말 별것 없을 때가 많다. 예컨대 그들이 공통으로 하는 얘기는 후배들이 편하게 다가오도록 한다는 점이다. 하지만 따지고 보면 별 것 아닌 게 아니다. 그들은 하나같이 후배들이 '심리적 안전감 Psychological Safety'을 갖도록 편한 조직 분위기를 조성하고 있다.

언젠가 SBS TV프로그램 〈집사부일체〉에서 가수 박진영이 연예인 후배들을 자신의 집무실에 초대해 대화를 나누던 중 본인의 소통 비결을 얘기한 적이 있다. JYP엔터테인먼트의 수장이기도 한 그는 "직원들이 어떻게 하면 날 막 대할까?"를 늘 생각한다고 밝혔다. 맞다. 이를 고민한다면 Z세대와 소통법의 실마리를 찾을 수 있다. 휴스턴대 브레네 브라운 교수는 책 《리더의 용기》에서 용기 있는 리더는 같이 일하는 후배 직원들에게 자신의 '취약성 Vulnerability'을 드러내는 데 주저함이 없다고 강조한다.

"위기를 돌파하는 대담한 리더들은 공통으로 정답을 가진 척하지 않고 자신의 취약성을 먼저 인정한다. 그리고 구성원들도 실수나 실패를 편안하게 털어놓고 대담한 아이디어를 제시하며 냉정하고 진실한 대화를 할 수 있도록 이끈다."

강의 중 만난 S사 한 그룹장은 과제 실패로 의기소침해하는 후배 직원이 생기면 그를 불러 본인이 겪은 과거 실패담을 전하면서 다독이는 데 제법 효과가 있다고 한다. 완벽해 보이기만 했던 선배의 실패 사례는 후배 직원이 심리적 안전감을 느끼게 하기 때문이다. 실패를 무릅쓰도록 격려해야 혁신이라는 게 일어나지 않겠는가? 혁신가들은 남들보다 더 많이 실패한 사람이다.[57] 선배는 Z세대 후배들이 주저하지 않고 시도하고, 또 편하게 다가올 수 있도록 분위기를 조성해야 한다.

3. 솔직하고 진정성 있게 대하라

대기업 유 부장, 그와 함께하는 후배들은 하나같이 그를 잘 따르고 존경한다. 그만의 비결이 있다. 그건 후배들과 대화하는 것을 루틴처럼 중요한 일과 중 하나로 생각한다는 점이다. 또 대화할 때 대부분 시간을 말하기보다는 경청하는 데 집중한다. 특히 후배에게 들은 것 중에 기억해 둬야 할 것은 메모해놓는다. 그의 메모장에는 시시콜콜한 후배들의 특이 사항들로 빼곡하다. 이렇게 정성 들인 메모는 여러모로 요긴하게 활용된다. 각종 기념일, 생일은 물론 소소한 개인사도 세심하게 챙기다 보니 후배들이 그를 신뢰하지 않을 수 없는 것이다. 사람은 진실함에 마음이 움직인다. 진실의 반대는 무관심이며 망각이다.

최고의 소통 방법은 유 부장처럼 상대에게 마음으로 다가가는 것이라는 점을 누구나 공감할 것이다. Z세대에게는 더더욱 그렇다. 다만 마음으로 다가가되 가르치려고 드는 마음이 생긴다면 꾹 참으면서 경청하려고 노력해야 한다. 예능 프로그램 〈유 키즈 온 더 블록〉에 등장한 한 Z세대가 이렇게 얘기한다. "잔소리는 왠지 모르게 기분 나쁜데, 충고는 더 기분 나빠요."라고. Z세대와 대화한다면 8할은 말하기보다는 경청에 비중을 두는 편이 지혜롭다.

《기브 앤 테이크》의 저자 애덤 그랜트는 대가를 바라지 않고 주고 또 주는 사람인 기버Giver가 성공한다고 주장한다. 기버는 주변 사람들도 함께 성공하고 그들이 더 행복해지도록 이끌어 준다. 그리고 모두가 기버의 성공을 지지하고 응원한다. 애덤 그랜트는 우리 마음속에 내재된 다양한 성취동기 중에 아직 제대로 개발되지 않은 자원이 바로 '타인에게 베푸는 마음'이라고 강조한다. 기버가 성공할 확률이 높은 것은 누군가에게 베푸는 행동이 당장은 손해를 보는 것 같지만 멀리 보면 이기는 게임이기 때문이다.

Z세대에게 솔직하고 진정성 있게 마음으로 다가가자. 고인이 된 이어령 교수의 말을 빌자면, 관심을 가지면 관찰하게 되고 관찰하면 나와 관계가 생길 것이다. 고성능의 마음 탐지기를 장착한 Z세대는 당신의 진정성을 금방 간파할 것이다.

4. 그들의 소통 방식과 언어를 배우라

"쪽지와 채팅을 활용하라"

이는 한 외국계 반도체 회사에서 후배 세대에게 피드백하는 방법으로 선배 세대에게 독려하는 메시지다. 후배 세대의 소통 방식으로 그들과 소통하라는 것이다. 캐나다 출신 미디어 전문가인 마셜 맥루헌은 말한다.

"훌륭한 소통자는 상대의 언어를 사용한다."

Z세대와 소통하려면 그들의 소통 방식을 배우고 그에 맞게 소통해야 함이 마땅하다.

Z세대는 선배 세대와 정보를 입력하고 표출하는 방법이 좀 다르다. 앞서 언급했듯 그들은 텍스트보다 이미지와 영상에 더 친숙하다. 텍스트에 익숙한 선배 세대와는 비교되는 부분이다. 이런 차이점은 선후배 세대 간 소통 상황에서 자주 목격된다. 선배 세대는 같은 사무실 바로 옆에 앉아 있는 후배가 메신저로 대화를 걸어오는 것보다 직접 와서 말하는 게 더 인간적이라고 느낀다. 하지만 Z세대의 생각은 다르다. 손가락만 움직이면 손쉽게 자기 의사를 표현할 수 있는데, 굳이 몸을 움직여 가면서 의견을

전하는 것이 생산적이지 못하다고 생각할 것이다.

세대별 통신 수단			
베이비붐 세대	X세대	밀레니얼 세대	Z세대
전화	전화, 문자	문자, SNS	SNS, 영상

    인터뷰로 만난 중견 기업의 민 차장은 상황에 따라 효율적이라고 판단하면 메신저와 SNS도 곧잘 활용한다. 상황에 맞게 온오프 소통 수단을 적절히 활용하는 것이다. Z세대 후배들의 소통 방식을 배우고 활용하고 그들의 소통 방식으로 커뮤니케이션하기 위해 노력해보자. 익숙해지면 해 볼 만하고 효율적이다.

    언어도 마찬가지다. 당신은 후배 세대들이 쓰는 언어에 얼마나 관심이 있는가? 예컨대 그들이 사용하는 신조어 말이다. 뭐 그것까지 관심을 가져야 하는가 싶을 것이다. 그것이 후배 세대와 소통하는 데 있어 핵심이나 본질은 아니니. 하지만 흥미로운 건 후배 세대와 소통에 능한 선배 세대 중에는 신조어에 능통한 사람이 많다. 신조어는 관심의 문제다. 사랑하지 않으면 관심이라는 게 애초에 생기지 않는다. 그러니 신조어를 무시할 수밖에 없다. 후배들과 가까워지고 싶은가? 그렇다면 그들의 언어에도 관심을 가져 보자. 신조어에 관심을 두면 언어에 담긴 후배 세대의 문화도 덤으로 이해하게 될 것이다. 요즘 신조어에 대한 이해를 높이고 싶은가? 그렇다면 책의 부록에 정리한 신조어를 잘 참고해서 활용하기를 바란다.

"타인과 대화하는 데 어려움을 겪는 사람들이 정말 많다. 친밀한 관계를 만들어 내는 사적인 언어를 모르기 때문이다. 회사의 언어를 그대로 가정에서 쓰려고 하니 자녀와 대화하지 못하는 것이다."[58]

- 팀 페리스 -

5. 사적 대화(Small Talk)로 신뢰를 저축하라

Z세대와 소통하는 가장 효율적인 방법은 '스몰 토크'다. 많은 선배 세대가 후배 세대는 메신저, 메일 등 비대면 소통을 더 원한다고 생각한다. 오해다. 대학내일20대연구소의 일·직업·직장 조사에 따르면, Z세대가 원하는 업무 소통 방식으로 1:1 대화 (34.3%)가 가장 많았다. 또 취업플랫폼 캐치에서 Z세대를 대상으로 한 설문에서도 '선호하는 업무 의사소통 방식'을 묻는 말에 대면 대화를 선호한다는 응답이 52%로 가장 많았다. 다음으로 온라인 채팅(29%), 이메일(11%), 전화 통화(8%) 순으로 나타났다.[59] 맞다. Z세대는 대면 소통을 원한다. 선배 세대는 이 점을 꼭 염두

에 둬야 할 것이다.

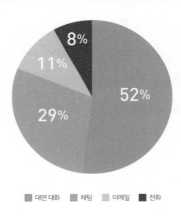

Z세대가 선호하는 업무 의사소통 방식

■ 대면 대화　■ 채팅　■ 이메일　■ 전화

제니퍼 딜, 알렉 레빈슨의 책《밀레니얼 세대가 일터에서 원하는 것》을 보더라도 후배 세대는 온라인 소통보다 대면 소통을 월등하게 원한다는 것을 알 수 있다. Z세대는 혼자여서 외로운 세대며 선배 세대보다 우울감도 큰 세대다. 그만큼 대면 소통이 필요한 세대이기도 하다. 함께 일하는 후배들이 쭈뼛쭈뼛하고 데면데면한가? 그것은 아직 상호 신뢰가 덜 쌓였을 뿐이라고 해석하는 편이 옳다.

이솝 우화에서 〈해님과 바람〉 이야기를 기억할 것이다. 나그

네의 옷을 벗기기 위해 바람을 세게 불면 불수록 옷깃을 여미게 한다. 하지만 해님의 따스한 햇볕은 이내 나그네가 외투를 벗게 만든다. Z세대의 마음을 열게 하는 것은 한 번의 회식이나 이벤트가 아니다. 그들의 마음을 움직이고 신뢰할 수 있는 관계를 형성하는 방법은 작고 가벼운 주제로 나누는 스몰 토크만 한 게 없다. 스몰 토크는 햇볕과 같은 것이다. 평소 잦은 대화는 Z세대의 마음을 열게 한다. 후배 직원들과 편한 분위기로 대화를 잘 이끌어 가는 선배들은 하나같이 스몰 토크에 능하다는 것은 우연이 아닐 것이다.

Z세대 후배와 스몰 토크를 잘하는 리더는 특징이 있다. 그들은 스몰 토크를 할 때 상대가 편하게 얘기할 수 있게 배려한다. 그래서 처음에는 업무적인 얘기보다는 업무 외적 관심사를 주제로, 말하기보다는 듣기에 집중한다. 한 마디로 '경청형' 리더가 된다. 서로 신뢰가 쌓이면 편하게 사적인 대화가 가능한 '잡담형' 리더로 발전한다. 그러다 어느 순간부터 후배는 업무적 관심사를 털어놓으면서 자연스럽게 '상담형' 리더 역할이 가능해진다. 리더의 업무 전문성에 대한 믿음까지 더해지면 업무적인 고민까지 털어놓고 조언이 가능한 '자문형' 리더 단계까지 진척된다. 첫술에 배부를 수 없다. 스몰 토크가 진전되는 데는 Z세배 후배와 신뢰를 저축하는 시간이 필요하다. 리더는 욕심내거나 서두르지 말고 스몰 토크 시간을 꾸준히 쌓아가면 된다.

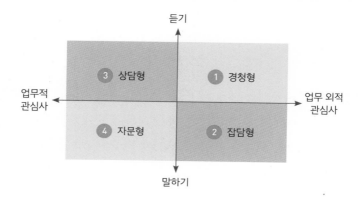

스몰 토크 유형

듣기

③ 상담형   ① 경청형

업무적 관심사 ← → 업무 외적 관심사

④ 자문형   ② 잡담형

말하기

    Z세대 후배들이 싫어하는 것은 사적인Private 것을 캐묻는 것이지 개인적인Personal 것을 나누는 것이 아니다. 성숙한 신뢰 관계가 만들어지면 자연스럽게 사적인 것은 터놓게 마련이다. 이왕이면 스몰 토크를 루틴으로 만들어 볼 것을 제안한다. 분위기가 좋은 부서일수록 구성원 간 스몰 토크 루틴이 있다.

6. 성장을 돕는 대화를 하라

    Z세대가 선호하는 회사의 조건을 한 가지 기준으로 딱 떨어지게 규정하기 쉽지 않다. 하지만 한 연구에 따르면, 그들이 공통으로 원하는 것은 '성장'과 '급여'였다. Z세대에게 직장은 역량 향상과 발전의 장이다. 그들에게 일을 잘한다는 것은 곧 업무 역량을

키우는 것이다. 나아가 업무를 확장하는 것을 의미한다. Z세대에게 안정적인 직장도 물론 중요하지만, 그것보다 다채롭게 경험하면서 성장할 수 있는 터전이 핵심이다. 한마디로 Z세대가 원하는 회사는 그들의 성장에 도움이 되는 곳이다.

앞서 강조한 바와 같이 Z세대가 원하는 리더상은 성장과 미래 준비를 돕는 멘토 같은 리더다. 즉 후배의 성장이 두려운 리더가 아니라 후배의 성장을 돕는 '육성형 리더'다. 따라서 당신이 Z세대와 소통한다면 이왕이면 그들의 성장과 성숙을 도울 수 있는 주제로 대화하는 것이 금상첨화다. 업무보다는 Z세대 후배의 경력 경로와 비전에 관심을 가지고 담소를 나누는 것이다. 신변잡기를 공유하는 것도 물론 필요하지만, 이왕이면 후배의 성장을 주제로 대화하는 것이 훨씬 생산적이지 않겠는가?

온라인에서 만난 Z세대

바이러스 팬데믹으로 직장 내 환경이 적잖이 바뀌었다. 그야
말로 '오피스 빅뱅'이다. 탄력 근무제가 일상화되었고, 회식이 줄
고 재택근무에 대한 편견도 줄었다. 미팅과 교육 등 온라인 환경
을 통한 접촉이 늘면서 DT 활용 능력과 비언어적 소통역량이 중
요한 능력이 되었다. 이런 변화에 가장 당황스러운 사람은 다름
아닌 선배 세대다. 선배 세대로서는 대면 소통뿐 아니라 비대면
소통 능력까지 요구되는 상황으로 변했기 때문이다. 특히 Z세대
를 맞이한 선배 세대에게 세련된 비대면 소통은 필수 역량이 되
었다. 비대면 소통을 대면 소통의 연장선에서 쉽게 생각할 수 있
는데, 그렇게 생각하는 것은 오산이다. 비대면 환경에 맞춤화된

다른 소통법이 요구된다. Z세대 후배와 비대면 소통에 능한 선배들은 다음의 6가지 소통 방법을 실천한다.

Z세대와 비대면 소통하는 방법

01
발언 지분을 줄이고,
비언어적 표현 신경 쓰기

02
정보 전달 및 답장은
빠르게 하기

03
개인 관심사 파악하기

04
최신 소통 도구
배우기

05
핵심만 명확하고
간결하게 전달하기

06
되도록 일과 시간
외에는 연결하지 않기

1. 발언 지분을 줄이고, 비언어적 표현 신경 쓰기

온라인 화상회의 도구를 활용한 비대면 소통은 대면 소통에 비해 더 세심하게 신경을 써야 한다. 상대방의 표현 하나하나를 예민하게 받아들이기 때문이다. 선배는 비대면 소통 시 챙겨야 할 것이 더 많다. 가장 먼저 기억할 것은 정보 전달 목적의 미팅이 아닌 이상 발언 지분을 줄이는 것이다. 대부분의 미팅은 시간이 제한되어 있다. 그래서 선배가 말을 많이 할수록 후배가 발언할 기회가 줄어드는 제로섬 게임이다. 조직이나 부서 분위기가 좋을수록 후배들의 발언 시간이 많다. 그렇지 않은 경우라면 선배는 스스로 자신의 발언 비중이 어느 정도인지 관심을 두고 점검해야 한다. 참여한 인원들의 발언 지분이 N 분의 1이 되도록 회의를 진행하는 게 선배의 중요한 역할이다.

또 비대면 소통 시 신경을 써야 할 것이 바로 표정, 제스처 등 비언어적 표현이다. 대표적인 것이 표정인데, 선배의 표정은 고스란히 후배에게 영향을 미친다. 이왕이면 무표정하고 굳은 얼굴보다는 밝은 표정을 유지하기 위해 노력하자. 조직에서 리더의 표정은 곧 문화다. 소통 시 후배의 표정은 어떤가? 수시로 확인해 보라. 후배의 표정이 당신의 표정일 테니 말이다.

2. 정보 전달 및 답장은 빠르게 하기

후배 세대일수록 속도가 빠른 환경에서 성장했다. 그런 연유로 느린 소통에 답답함을 느낀다. 그래서 피드백이 느린 선배에게 부정적인 선입견이 있다. Z세대 후배와 함께한다면 빠른 소통이 필수다. 온라인에서는 더더욱 그렇다. 만약 후배에게 이메일이나 SNS 피드백을 해야 할 상황이라면 되도록 빠르게 하자. Z세대는 그런 빠른 피드백에 "우리 리더는 유능해."라고 판단할 가능성이 크다. 피치 못할 사정이 아니라면 결재를 미루지 말고, 이메일이나 SNS 피드백도 빠르게 하자.

3. 개인 관심사 파악하기

대면이든 비대면이든 소통하려면 대화의 소재가 있어야 한다. 대면보다 비대면 환경에서는 밝은 분위기를 조성하는 것이 필요하다. 으레 비대면 소통하면 본론만 단도직입적으로 얘기할 수도 있다. 하지만 더 부드러운 분위기에서 소통하기 위해서는 구성원 개인의 관심사에 평소 관심을 두고 있다가 가벼운 아이스 브레이킹 소재로 활용하면 효과적이다. 분위기가 좋은 조직은 미팅 전 일상을 나누는 '근황 토크' 같은 아이스 브레이킹이 있다. 평소 소통이 잘 되다 보니 서로 개인 관심사에 대해서 잘 알고 있기 때문이다. 선배라면 평소 스몰 토크를 통해 개인의 관심사를 파악하고 유쾌하게 비대면 회의 도입부를 편하게 열어 가는 지혜가 필요하다.

4. 최신 소통 도구 배우기

요즘은 교육도 게더 타운 등 메타버스 환경에서 진행하는 경우가 다반사다. 게임을 하는 기분으로 교육하기에 후배 세대일수록 참여도가 높고 반응이 좋다. 선배 세대의 반응도 제법 긍정적이다. Z세대는 그야말로 메타버스 환경에 원주민 격이다. 적응이 더 빠르고 활용도도 높다. 상대적으로 DT 역량이 부족한 선배 세대는 Z세대 후배의 소통 도구에 더 관심을 가져야 한다. 단지 그들과 소통을 위해서라기보다는 곧 대세가 될 것이기 때문이다.

최신 소통 도구에 적응을 피할수록 DT 환경에서 뒤처질 수밖에 없다. 만약 Z세대가 활용하는 새로운 도구가 있다면 관심을 가지고 익히도록 노력해보라. 업무 생산성을 높이는 좋은 기회가 될 수 있기 때문이다.

5. 핵심만 명확하고 간결하게 전달하기

비대면 소통은 대면 소통보다 몰입도가 높지 않기 때문에 길게 진행하는 것은 되도록 지양해야 한다. 교육처럼 긴 시간을 요구하는 상황이 아니라면 핵심만 명확하고 간결하게 전달하기 위해 노력하는 것이 효과적이다. 용건만 간단하게 전달하는 소통에 익숙한 Z세대와 함께한다면 더더욱 그렇다. 그렇지 않을 때 선배의 잡담을 듣느라 시간을 빼앗기고 있다고 느끼게 하기 때문이다. 따라서 선배는 회의를 진행할 때 사전에 잘 준비해서 후배들의 귀한 시간을 뺏지 않고 회의의 효율을 높이기 위해 신경 써야 한다.

6. 되도록 일과 시간 외에는 연결하지 않기

비대면 소통 도구는 일과 시간에만 활용하는 것을 원칙으로 해야 한다. 모 중견 회사 윤 상무는 노상 온라인 도구를 통해 구성원에게 소통한다. 그의 업무에 대한 열정을 이해 못하는 건 아니지만 구성원들은 피곤하다. 밤낮없이 Z세대 후배와 SNS 소통하는 선배는 후배의 입장을 잘 헤아려봐야 한다. 선배 스스로 열심히 일하는 건 좋지만, 후배에게까지 강요하는 것은 과하지 않은가. 24시간 온라인 상태인 Z세대로서는 일과 후 SNS를 활용한 소통은 사적인 시간을 침범하는 것으로 느끼게 마련이다. 필요한 업무라 할지라도 일과 후 연결을 달가워할 리 없다. 일과 후 연결은 일종의 폭력이나 다름없다. 되도록 일과 후 연결은 끊자. 퇴근 후에는 후배가 메신저 때문에 업무에서 벗어나지 못하는 '메신저 감옥' 신세가 되지 않도록 배려하자.

집에서 만난 Z세대

Z세대 자녀와는 어떻게 소통해야 할까? Z세대 자녀를 둔 부모의 공통된 고민일 것이다. 가장 가까이 지내면서 의외로 잘 모르고 어려운 게 자녀일 수 있다. 사춘기를 맞은 자녀일 경우는 더더욱 그렇다. 저자도 삼춘기, 사춘기의 Z세대 두 자녀를 키우면서 고민이 한가득하다. Z세대를 키운 건 X세대 부모다. 마음을 열고 Z세대를 이해하려고 한다면 가장 잘 소통할 수 있는 사람이기도 하다.

밀레니얼 세대와 또 다른 DNA의 Z세대 자녀와 어떻게 소통해야 할지 몇 가지 소개한다.

Z세대 자녀와 소통하는 방법

01 함께 투자하면서 경제 공부하기

02 서로의 문화 이해하기

03 솔직하게 소통하기

04 소통 시간 늘리기

05 말보다 글로 마음 전하기

06 자녀의 미래 설계를 구체적으로 돕기

1. 함께 투자하면서 경제 공부하기

Z세대는 경제관념이 남다르다. 자신에게 이익이 되는지 안 되는지에 민감하다. 부모는 자녀에게 제대로 된 경제 지식을 갖도록 도울 필요가 있다. 세계 3대 신용 평가 기관의 하나인 S&P에서 발표하기를 우리나라 국민의 금융 IQ가 우간다보다 못하다고 해 화제가 된 적이 있다. 하지만 시간이 지나도 별로 달라진 점은 없는 듯하다. 이런 불명예를 끊어야 하지 않겠는가? 자신의 이익에 관심이 많은 자녀에게 경제 교육을 해 보면 어떨까? 어릴수록 좋다. 바로 실천할 수 있는 방법으로 여윳돈이 생길 때마다 국내외 우량 주식이나 ETFExchange Traded Fund, 상장 지수 펀드에 투자하는 것이다. 자연스럽게 자녀와 투자한 주식을 주제로 대화하는 시간도

늘릴 수 있고, 자본주의와 재테크에 대한 눈을 뜨도록 도울 수 있으니 일거양득이다.

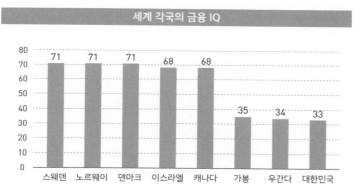

세계 각국의 금융 IQ

*자료 2015년 스탠더드앤드푸어스 조사

　　더 적극적으로 하자면, 자녀에게 미리 자산을 증여하는 것도 방법이다. 유대인들은 13세에 성인식을 하면서 친인척을 통해 5~12만 달러 정도의 축의금을 받는다고 한다. 성인식 때 받은 축의금을 적절히 포트폴리오를 하면서 투자해 사업 자금 등으로 활용한다. 만약 자녀 출생 직후부터 증여를 시작했다면, 태어났을 때 2,000만 원, 11세에 2,000만 원, 21세에 5,000만 원, 31세에 5,000만 원을 무상으로 증여할 수 있다. 이렇게 하면 만 30세에는 최대 1억 4,000만 원을 합법적으로 자녀에게 물려줄 수 있다.[60]

2. 서로의 문화 이해하기

세대 차이가 나는 이유 중 하나가 또래 집단 효과Cohort Effect다. 대중 음악, 스포츠, 영화 등 또래 집단이 누렸던 문화가 다르기 때문이다. 서태지 세대가 남진, 나훈아 세대를 이해 못하듯, 방탄소년단 세대는 서태지 세대를 이해하기 힘들다. 부모와 자식 간에는 대략 30년 정도의 세대 간 간극이 존재한다. 세대 차이가 나는 것은 당연하다. 그 간극을 좁히는 방법으로 서로가 향유했던 문화를 공유하는 것을 추천한다. 서로의 문화에 대해 거부감을 줄이고 포용과 이해도를 높일 것이다.

저자는 두 자녀와 가까워지기 위해 서로의 문화를 체험하는 기회를 종종 만들곤 한다. 한 번은 어린 시절 재미있게 봤던 〈미래소년 코난〉이라는 26부작 애니메이션 프로그램 전체를 한 주 동안 두 딸과 내리 본 적이 있다. 오랜만에 어린 시절을 추억하면서 보는 재미가 쏠쏠했다. 두 자녀도 꽤 재미있어했다. 가끔 먼 거리를 이동하는 여행을 할 때면, 저자가 DJ가 돼 엄마와 아빠가 좋아하는 곡, 두 딸이 즐겨 듣는 곡을 번갈아 가며 신청곡을 받아 들려주곤 한다. 서로 다른 세대를 이해하기 위해 각 세대가 즐기던 문화를 공유하는 것은 효과적인 소통 방법이다.

3. 솔직하게 소통하기

흥미로운 연구 결과가 있다. Z세대들이 가장 많이 즐기는 유튜브 채널을 분석한 바에 따르면, Z세대가 유튜브에 몰입하는 3가지 주요 요인은 '현실감', '오감 자극', '솔직함'이라고 한다.[61] 솔직함은 Z세대 자녀에게 다가가는 열쇠다. 다시 강조하지만, Z세대의 특성 중 하나는 '거짓말 탐지기'라는 점이다. 그들은 어려서부터 넘치는 정보의 홍수 속에서 자랐고, 온라인 공간을 통해 늘 광고와 홍보에 노출됐다. 그래서 마케팅의 의도를 잘 파악하고 감지해 낸다. 직관적으로 자신들에게 도움이 되는 정보인지 거짓 정보인지 걸러내는 능력이 탁월하다.

Z세대를 자녀로 둔 부모라면 솔직하고 진정성 있게 다가가야 한다. 다행인 건 Z세대 자녀는 선배 세대보다는 부모와 관계가 가장 가깝다. 이런 가까운 관계는 소통에도 긍정적이다. 부모와 자식 간의 소통에서 9할 이상은 어디까지나 부모의 몫이다. 자녀에게 잘못이 있더라도 먼저 부모가 용서하고 자녀가 편하게 다가와 쉴 수 있도록 마음의 공간을 넓혀야 한다.

4. 소통 시간 늘리기

"당신은 자녀와 소통하는 시간이 얼마나 되는가?"

OECD 조사에 따르면, 우리나라 부모가 자녀와 함께하는 시간은 '16분'이었다. 더 놀라운 건 아빠가 자녀와 함께하는 시간은

'6분'에 불과했다. 이렇듯 우리나라는 부모와 자식 간 대화 없이 자녀를 학교, 학원으로 내몰고 있다. 이런 상황에서 대한민국의 자녀들은 여간 어려움을 겪고 있는 게 아니다. 우리나라 청소년 1만 명당 47명이 자살로 세상을 떠난다. 안타까운 수치다. 어쩌면 부모가 자살방조자일 수 있다. 또 고등학교에 대한 인식을 국가별로 비교 조사한 결과에 따르면, 한국은 80.8%가 '사활을 건 전장'으로 인식했지만, 미국과 중국은 각각 40.4%, 41.8%, 일본은 13.8% 정도에 불과했다. 우리나라 학생들의 학업에 대한 스트레스가 어느 정도인지를 가늠할 수 있는 충격적인 수치다. 자녀와 소통 시간을 늘린다면 이런 부정적인 수치를 얼마든지 개선할 수 있을 것이다.

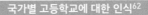

국가별 고등학교에 대한 인식[62]

(단위: %)

■ 사활을 건 전장　■ 거래하는 시장　■ 함께하는 광장

직접 대화하는 것이 힘들다면, Z세대 자녀의 소통 방식을 학습해 소통하는 것도 좋은 방법이다. SNS로 마음을 전하고 자녀의 안부를 묻는 것이다. 그들이 찾는 소통의 공간은 스트레스 넘치는 세상에서 탈출하는 통로다. 자녀가 요즘 어떤 고민을 하는지, 부모로서 도와줄 부분은 무엇인지 계속 찾아보자. 자녀가 전쟁터에서 고군분투하도록 방치하지 말자. 소통 시간을 늘리면서 든든한 우군이 되도록 노력하자.

5. 말보다 글로 마음 전하기

Z세대 자녀를 둔 부모라면 자녀에게 잔소리보다 마음을 글로 전하는 루틴을 가져볼 것을 권한다. 말로 전하는 메시지는 잔소리지만, 글로 표현하면 가슴에 박히기 때문이다. 자녀와 관계가 좋지 않은가? 그렇다면 펜을 들고 마음을 글로 담아보라. 먼저 부모의 생각이 정리되고 정제된 언어로 마음을 전할 수 있을 것이다. 자녀가 힘들어하는가? 자녀와 대화하기 힘든가? 또 자녀에게 전하고 싶은 메시지가 있는가? 부모의 마음이 잘 담긴 책을 읽고 책에 부모님의 바람을 적어가며 각주를 달아보라. 그리고 부모의 사랑과 메세지가 담긴 책을 자녀에게 선물한다면 세상에 하나밖에 없는 의미 있는 선물이 될 것이다.

6. 자녀의 미래 설계를 구체적으로 돕기

한국의 부모는 자녀의 미래에 관심이 많은 듯하지만, 현실을 들여다보면 꼭 그렇지 않다. 그들의 관심은 온통 진학에 쏠려 있을 뿐이다. 하지만 정작 자녀의 적성에 맞는 미래를 설계하는 것에는 무관심하다. 언제까지 자녀의 미래 설계를 다른 사람에게 맡길 것인가? 학교나 학원 선생님은 그것까지 챙길 여유가 없다. 자녀의 미래 설계는 본인의 몫이지만, 가장 현실적으로 지원할 수 있는 존재는 부모다. Z세대는 미래에 대한 걱정이 많다. 그 걱정을 덜어 주기 위해 부모가 더 적극적으로 나서야 한다.

우리나라의 부모는 학창 시절 자녀를 학업으로 내몰고 함께 할 시간이 부족했던 것을 후회한다. 하지만 인생은 컨트롤 제트Ctrl+Z를 누르며 실행 취소할 수 없다. 후회가 덜 하도록 지금 자녀와 최선을 다해 소통하고 전심으로 사랑을 전하자. 부모나 자녀에게 이 시절은 다시 오지 않는다.

"마땅히 행할 길을 아이에게 가르치라. 그리하면 늙어도 그것을 떠나지 아니하리라."

- 《성경》 잠언 22장 6절 -

Z세대는 칭찬에 목마르다

Z세대는 노력과 성과를 인정받지 못하고 감정적인 피드백만 받을 때 업무 의욕이 땅에 떨어진다. 반대로 업무 목표를 달성하도록 격려하고 좋은 결실을 보았을 때 칭찬받는다면 행복을 느낄 것이다. 하지만 안타까운 건 선배 세대일수록 칭찬에 인색하다는 점이다. 칭찬보다는 질책에 익숙한 환경에서 나고 자랐기 때문이다. 선배 세대는 칭찬하는 게 어색하지만, 칭찬을 받는 것도 익숙하지 않다. 후배의 칭찬이 쑥스러워 괜스레 화제를 돌리기 일쑤다. 당신이 가정이나 회사에서 Z세대와 마주한다면 어떻게 칭찬해야 할까? 다음의 6가지 칭찬 팁을 활용해보기 바란다.

Z세대에게 칭찬하는 방법

재능 대신 노력을 칭찬하라 01

02 관계도 고려해 칭찬하라

이름을 불러 칭찬하라 03

04 즉시 칭찬하라

은밀히 맞춤형으로 칭찬하라 05

06 자부심을 느끼도록 질문하라

첫째, 재능 대신 노력을 칭찬하라

Z세대는 칭찬을 많이 받고 자란 세대다. 칭찬 인플레이션 시대를 살았다고 해도 과언이 아니다. 뭔가를 성취하면 응당 칭찬받았다. 그래서 칭찬에 익숙하다. 부모는 외동아들, 외동딸을 키우며 칭찬에 후했다. 자녀가 뭐든 조금만 잘해도 과할 정도로 칭찬했다. 자연스럽게 Z세대는 자신의 재능에 대해서 스스로 과대평가한다.

이왕 칭찬할 거라면 재능보다는 노력을 칭찬해야 한다. Z세대에게 노력을 칭찬한다면 다르게 받아들일 것이다. "우리 선배님이 안 보시는 듯하면서 나를 계속 예의 주시하고 계셨네."라고 생각할 것이기 때문이다. 자신의 노력에 대해서 인정받고 있다는 점에 동기 부여가 될 것이다. 만약 당신이 Z세대에게 노력을 칭찬한다면 그가 더 열심히 일할 확률이 높다. 이 점을 기억해두자.

둘째, 관계도 고려해 칭찬하라

당신이 Z세대라고 생각해 보자. 칭찬을 할 테니 어떤 느낌이 드는지 들어보라.

"김 사원, 요즘 애들 똑똑하다 똑똑하다 하는데, 자네 일하는 걸 보니까 정말 그런 것 같아."

듣는 후배로서는 말하는 선배가 자신을 긍정적으로 인정해 주는 것에 기분이 좋을 것이다. 또 선배가 우리 세대를 잘 이해하고 있다는 좋은 인상을 주게 한다. 관계도 고려한 칭찬은 이런 것이다.

셋째, 이름을 불러 칭찬하라

앞에서 몇 번 언급했듯 Z세대에게 칭찬할 때는 구체적이어야 한다. 잘한 점을 정확하게 짚어 가며 칭찬받은 이유를 잘 수긍하게끔 해야 한다. 애매한 칭찬은 삼가야 한다. 그리고 칭찬받는 대상의 이름을 불러가며, 칭찬받을 만한 이유에 대해서 명확히 인식시켜 줘야 한다. 그래야 앞으로 어떻게 해야겠다는 행동의 방향도 고민하게 되고 진정성 있게 받아들이기 때문이다.

넷째, 즉시 칭찬하라

함께 일하는 Z세대 후배가 칭찬받을 만한 일을 했을 때는 즉시 칭찬하고 작은 보상이라도 해 주는 것이 효과적이다. 예컨대 손수 커피를 배달하거나 모바일 쿠폰을 선물하는 것이다. 이왕이면 법인카드보다는 개인 비용으로 말이다. "내가 밥 살게."처럼 언제일지도 모를 애매한 약속은 하지 마라.

다섯째, 은밀히 맞춤형으로 칭찬하라

"칭찬은 공개적으로 질책은 개인적으로 하라." 그동안 이렇게 알고 있지 않았는가? 하지만 Z세대에게는 통하지 않을 수 있다. 때론 공개적인 칭찬보다 개인적으로 칭찬해야 할 때도 있다. 왜냐하면 후배 직원이 공개적인 칭찬을 부담스러워하는 성격일 수도 있고, 행여나 시샘하는 동료가 있을 수도 있기 때문이다.

그리고 후배 직원의 성격에 맞는 적합한 언어와 표현으로 칭찬해야 한다. 베스트셀러 작가인 게리 채프먼은 책 《5가지 칭찬의 언어》에서 칭찬에 의한 동기 부여MBA, Motivation By Appreciation로 상대의 유형에 맞는 칭찬을 효과적으로 할 것을 강조한다. 칭찬 시 중요한 것은 당신이 어떻게 칭찬하느냐보다 상대가 당신의 칭찬을 어떻게 받아들이는가이다. 함께하는 Z세대 후배의 특성과 상황에 맞게 칭찬하도록 노력하자.

여섯째, 자부심을 느끼도록 질문하라

칭찬을 질문으로 바꾸면 더 강력해진다. 예컨대 성공적으로 업무를 수행한 Z세대 후배에게 어떻게 해서 그 업무를 효율적으로 처리할 수 있었는지 물어보라. 이 질문은 관심이 자연스럽게 후배의 행동과 헌신으로 향하게 한다. 칭찬을 질문으로 바꾸면 잘난 척하는 것처럼 보일까 봐 걱정할 필요도 없게 한다. Z세대 후배도 더 편하게 선배의 칭찬을 받아들일 수 있게 한다. 선배의 지혜로운 질문이 최고의 칭찬일 수 있다.

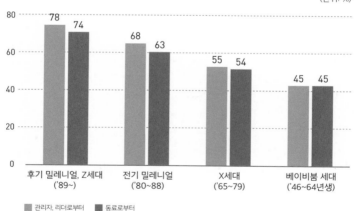

"한 달에 최소 몇 번이라도 인정받고 싶다" 세대별 응답 비율

(단위: %)

칭찬하는 것도 이렇게까지 신경을 써야 하나 싶을지도 모르겠다. Z세대는 선배 세대보다 인정 및 칭찬에 더 목마르다는 점을 명심하자. 여론 조사 기관인 갤럽의 설문에 따르면, "한 달에 최소 몇 번이라도 인정받고 싶다"라는 질문에 후배 세대일수록 긍정적으로 답했다.[63] 또 동료보다는 관리자나 리더로부터 더욱 인정받기를 원했다. 지금까지 소개한 칭찬의 팁을 실천함으로서 후배에게 더 신뢰받는 선배가 되길 응원한다.

진짜 리더는
네거티브 피드백에 강하다

후배와 함께하다 보면 부득이하게 부정적인 피드백을 해야 하는 상황이 생기게 마련이다. 그럴 때는 어떻게 해야 할까? 욱하는 심정으로 말을 잘못 내뱉었다가는 두고두고 후회할 수도 있다. 부정적인 피드백을 해야 할 상황이 생기면 어떻게 해야 할지 고민이 된다. 그럴 때 다음의 3가지 원칙을 실천해보길 바란다.

부정적 피드백 원칙 FTA

1. 사실Fact을 구체적으로 말하라.
2. 생각Thought과 미칠 영향을 말하라.
3. 질문Ask 또는 요청하라.

만약 후배가 작업한 문서에 오탈자가 많다고 가정해 보자. 그에게 부정적인 피드백을 해야 한다면 어떻게 하면 좋을까? 위 3가지 원칙을 이렇게 적용해 볼 수 있다.

1. "김 사원, 작성한 문서를 보니까 '로써/로서', '~커녕' 같은 문법을 꼼꼼하게 챙겨야 할 문장이 있는 것 같아. 다시 한번 체크해 줘."
2. "김 사원이 작성한 문서는 내용이 좋은데, 오탈자에 예민한 이 사님이 보시면 김 사원의 장점이 가려질 것 같아."
3. "이 문서 오탈자 부분 꼼꼼히 수정할 수 있지? 부산대 맞춤법 검사기를 활용하면 좋을 것 같아."

3가지 원칙을 잘 적용한다면 오히려 부정적인 피드백을 동기 부여의 방법으로 승화시킬 수도 있다. 다만 부정적인 피드백을 할 때 조심해야 할 점이 있다. 다음의 3가지를 염두에 뒀으면 한다. 첫째, 감정Feeling이 실리면 안 된다. 둘째, 공개Open적으로 하지 않아야 한다. 마지막으로 비교Comparison하지 않아야 한다. 부정적인 피드백은 부득이한 경우가 아니라면 삼가는 게 최선이다.

Z세대를 움직이려면 FACT하라

후배들에게 다가가기가 여간 어려운 게 아니다. 어떤 얘기부터 하면서 대화를 풀어 가야 할지조차 고민이다. Z세대의 마음을 움직이고 싶은가? 다음에 제시하는 FACT만 잘 기억해도 인정받는 선배가 될 수 있다. 서두르지는 말자. 신뢰를 쌓는 데는 그만큼 시간이 필요하기 때문이다.

첫째, (Feedforward) 개선 방향을 제안하게 하라

후배와 대화할 때 선배의 태도 중 하나는 부담스럽게 자기 생각을 피력해 볼 것을 상대에게 요구하는 것이다. 이는 후배들에게는 요구이기보다는 강요하는 것이나 진배없다. 지혜로운 선배라면 피드백 대신 피드포워드Feedforward 한다. 피드백은 "오늘 미팅은 어땠어?"라는 식으로, 과거에 일어난 일에 대해서 상대에게 판단이 들어간 의견을 구하는 것이다. 이는 압박 질문 성격이라서 상대에게 부담이 될 수 있다. 하지만 피드포워드는 미래 지향적이다. "다음 미팅에는 어떤 점을 고려하면 좋을까?"라며 묻는 것이다. 그래야 상대가 답하기에 부담이 덜하다.

비슷한 듯하지만 분명 다르다. 이렇게 과거 지향의 피드백보다는 미래 지향의 피드포워드로 대화를 이끄는 것이 효과적이다. Z세대 후배가 피드백보다는 피드포워드에 부담을 덜 느끼면서 자기 생각을 더 편하게 털어놓을 수 있기 때문이다.

둘째, (Advice) 의견보다 조언을 구하라

공자의 《논어》 공야장에 불치하문不恥下問이라는 구절이 등장한다. 후배에게 묻는 것을 부끄러워하지 않는다는 의미다. 불치하문의 정신이 Z세대와 소통하는 선배에게 요구된다. 예컨대 선배가 어떤 고민이 있을 때 이런 질문을 후배에게 해보자.

"우리 구성원의 팀워크가 더 나아지려면 어떻게 해야 할까?"

이런 질문은 두 가지 함의가 있다. 하나는 선배 자신의 부족함을 솔직하게 인정하는 것이며, 또 후배에게 배우기 위해 조언을 구하는 것이다. 선배 관점에서 이런 태도를 후배에게 보인다는 게 쉬운 일은 아니다. 자신의 약점을 공개하는 것이기 때문이다. 후배 앞에서는 경험 많은 선배로 보이고 싶은 게 인지상정이다. 하지만 이렇게 인간미 있는 모습으로 다가갈 때 후배는 마음의 문을 열 확률이 높아진다.

셋째, (Candor) 절대적으로 솔직하라

앞서 후배와 일하고 자녀와 소통하기 위해서 솔직할 것을 언급 했다. 다시 한번 강조하지만 솔직해야 한다. 2022년 3월 작고한 제너럴 일렉트릭GE 잭 웰치 전 회장이 현직에 있을 때 강조했던 단어가 '절대적 솔직함'이라는 의미의 'Candor'이다. Z세대와 소 통이 매끄러운 사람들은 한결같이 솔직하다. 솔직함은 상대방에 게 다가가기 편하게 한다. Z세대와 소통을 원하는 선배라면 솔직 해지자.

넷째, (True) 거짓말하지 마라

셋째와 맥을 같이하는 개념인데, 거짓말은 관계에 치명적이 다. 거짓말은 유통 기한이 있기 때문이다. 거짓말이 들통나는 순 간, 그동안 쌓은 신뢰도 한꺼번에 무너질 수 있다. 어려움에 부닥 칠수록 Z세대에게는 솔직하고 진정성 있게 다가가는 편이 낫다. 괜스레 애매하게 둘러대느라 신뢰를 더 잃기에 십상이다.

Z세대의 마음을 움직이는 FACT

F Feedforward 개선 방향을 제안하게 하라

A Advice 의견보다 조언을 구하라

C Candor 절대적으로 솔직하라

T True 거짓말하지 마라

Z세대와 가까워지고 싶지만 쉽게 다가가지 못했던 선배에게 이상 제시한 4가지를 실천해 볼 것을 권한다. Z세대도 소통을 원한다. 진솔한 소통의 파트너를 원한다. 어른답게 선배 세대가 먼저 지혜롭게 다가가도록 노력하자.

《논어》에서 배우는 소통 노하우

동양에서 가장 많이 읽히는 고전 중 하나는 단연 《논어》다. 서양에서도 가장 많이 읽고 있는 동양의 지혜서이기도 하다. 공자의 제자들이 엮은 이 책은 2500년이 훨씬 지난 지금도 메시지가 여전히 유효하다. 《논어》 헌문 편을 보면, 그 시절에도 선후배 간 생각의 차이가 존재했음을 짐작하게 한다. 이런 구절이 대표적이다. "옛날에 공부한 사람들은 자신의 수양을 위해서 했는데, 요즘 공부하는 사람들은 남에게 인정받기 위해서 한다." 선후배 세대 간 차이는 시공을 초월해 예나 지금이나 공통 주제다. 《논어》에서 선후배 세대 간 역할과 소통의 비결을 찾아보았다. 특히 선배 세대가 실천해야 할 4가지는 다음과 같다.

첫째, 후배들을 사랑으로 대한다

공야장을 비롯한 《논어》 곳곳에 남용, 안회, 자로 등 공자의 제자들에 대한 평이 등장한다. 공자는 평상시 제자들을 세세히 살피고 그들의 장단점을 철저히 파악하고 있었다. 그는 도를 터득했던 안회에 대한 사랑이 남달랐음을 알 수 있다. 주윤발 주연의 영화 〈공자〉에서는 요절하는 안회의 모습을 보고 통곡하는 그의 모습이 애잔하게 그려진다. 후배를 이해한다는 것은 그들을 잘 알고 사랑한다는 의미다. 당신의 마음속에 두레박을 내리면 퍼올릴 사랑이 있는가? 공자는 학이 편 마지막에 이렇게 얘기한다. "남이 자신을 알아주지 못할까 걱정하지 말고, 내가 남을 제대로 알지 못함을 걱정해야 한다."

둘째, 후배에게 배우는 것을 부끄러워 않는다

자공이 물었다. "공문자는 무엇 때문에 '문文'이라는 시호를 받게 되었습니까?" 공자가 말했다. "영민하면서도 배우기 좋아하고, 아랫사람에게 묻는 것을 부끄러워하지 않았으므로 '문'이라고 한 것이다." 여기 등장하는 것이 앞에서도 언급했던 "아랫사람에게 묻는 것을 부끄러워하지 않는다."라는 의미의 '불치하문不恥下問'이라는 구절이다. 어쩌면 역멘토링Reverse Mentoring의 기원을 여기서 찾을 수도 있다. 선배는 후배에게 묻는 것을 부끄러워하지 않고 적극적으로 배워야 한다. 안연 편에서 공자는 강조한다. "자신을 남보다 낮추어 생각해야 한다."라고 말이다.

셋째, 선배가 먼저 솔선수범한다

"자기 자신이 올바르면 백성들은 명령을 내리지 않아도 자발적으로 행하고, 자기 자신이 올바르지 않으면 백성들은 명령을 내려도 듣지 않는다." 자로 편에 등장하는 말이다. 리더십은 솔선수범에서 출발한다. 그래야 리더의 말에 힘이 실리고 명분이 선다. 공자는 말이 많은 사람을 경계한다. 헌문 편에서는 이런 얘기를 한다. "윗사람이 예禮를 좋아하면, 백성들은 부리기가 쉬워진다." 솔선수범하는 선배의 모습은 후배들에게 본보기가 되고 가르침이 된다. 선배가 솔선수범한다면 시키고 지시하지 않아도 후배가 따르고 배울 것이다.

넷째, 실력을 갖추는 것은 기본이다

"후배들이란 두려운 것이니, 그들이 우리만 못 하리란 것을 어찌 알 수 있겠는가? 사십, 오십이 되어서도 이름이 알려지지 않으면, 그 또한 두려워할 만한 사람이 못 된다." 자한 편에 등장하는 말이다. 모름지기 선배가 선배답기 위해서는 후배가 배우고 흠모할 만한 능력을 갖춰야 한다. 양화 편에도 비슷한 말이 나온다. "나이 사십이 되어서도 남에게 미움을 받는다면, 그런 사람은 끝난 것이다."라고 단언한다. 실력은 물론이고, 그것을 빛나게 하는 것은 덕이다.

　《논어》를 통해 선배 세대가 갖춰야 할 4가지 요건을 간추려보았다. 양화 편을 보면 공자는 천하의 군자라도 미워하는 것이 있다고 강조한다. '남의 나쁜 점을 떠들어대는 것', '낮은 지위에 있으면서 윗사람을 헐뜯는 것', '용기만 있고 예의가 없는 것', '과감하기만 하고 꽉 막힌 것'이 바로 그것이다. 혹시 후배 중 이런 역꼰대 같은 후배가 있는가? 선배가 선배다워야 하듯이, 후배도 후배다워야 할 것이다. 위정 편에서 자하가 효孝에 관해 묻자 공자가 대답한다. "항상 밝은 얼굴로 부모를 대하는 일은 어렵다. 일이 있을 때는 아랫사람이 그 수고스러움을 대신하고, 술이나 음식이 있을 때는 윗사람이 먼저 드시게 하는 것을 일컬어 효도라고 할 수 있지 않겠느냐?" 후배 세대가 되새겨 봐야 할 내용으로 보인다.

　가정이나 직장, 사회에서 선배, 동료, 후배를 대하는 세련된 소통법을 배우고 싶다면 공자의 《논어》를 한 번 펼쳐볼 것을 권한다. 공야장에 등장하는 공자의 말로 글을 맺는다.

　"노인들은 편안하게 해 주고, 벗들은 신의를 갖도록 해 주고, 젊은이들은 감싸 보살펴줘야 한다."

Epilogue

알파 세대가 온다

본문에서 우리는 Z세대를 만났다. 그들과 공존하고 있는 선배 세대에게 필요한 리더십과 소통 방법에 대해 살펴봤다. 지금껏 선배 세대가 그래왔듯이 Z세대도 언젠가는 알파 세대에게 바통을 넘겨줄 것이다. 다소 이른 감이 있지만 알파 세대에 대한 언급이 증가하고 있다. 그들은 밀레니얼 세대의 자녀 세대로 2011년 이후에 태어난 세대다. Z까지 알파벳을 다 썼으니 다시 A로 불러야 할 것 같은데, 그게 아니다. 그리스 문자인 '알파α'로 잇는다. 그만큼 이들은 분명 다른 세대라고 할 수 있다.

알파 세대는 2018년 호주의 사회학자인 마크 맥크린들이 명명한 용어다. 아직은 알파 세대에 대한 논의는 낯설고 드물다. 마치 밀레니얼 세대가 한창 세간에 오르내릴 때 Z세대라는 용어가 희귀했듯 말이다. 하지만 오래되지 않아 알파 세대는 지금 Z세대처럼 미디어를 차츰 도배해 갈 것이다. 호메로스의 말처럼 어느 세대든 시간이 지나면서 나뭇잎처럼 돋아났다가 금세 마른 잎으로 진다. 곧 알파 세대가 새롭게 꽃피울 것이다.

"사람들의 세대는 나뭇잎들의 세대와 같다. 바람이 불면 한 해의 나뭇잎들이 땅에 떨어져 흩어지지만, 봄철이 다시 돌아오듯이, 숲에서는 또다시 싹이 트고 다른 나뭇잎들이 나온다. 사람들도 마찬가지다. 한 세대가 오면, 한 세대는 간다."

- 호메로스 《일리아스》 제6권 146~149행 -

우리나라의 출산율은 우려스러울 정도로 빠르게 감소하고 있다. Z세대부터 출산율이 1명 가깝게 수렴하던 것이 알파 세대로 들어서면서 1명이 채 안 되게 급감하는 상황이다. 그러다 보니 알파 세대를 자녀로 둔 밀레니얼 세대 가족의 관심과 소비도 다르다. 하나밖에 없는 아이에게 집중하고 있다. 저출산 시대의 대표격인 알파 세대에게 별명이 붙기 시작했다. '에잇 포켓8-Pocket', '골드 키즈Gold Kids'가 대표적이다. 에잇 포켓은 부모, 조부모 등 8명의 친인척이 한 아이를 위해 지갑을 연다고 해서, 또 골드 키즈는 귀하게 자란 아이라는 의미로 붙은 별칭이다. 낮은 출산율은 알파 세대를 특징짓는 중요한 실마리다.

알파 세대는 Z세대와 무엇이 다를까? 아이패드가 2010년 4월 3일 출시됐다는 점을 기억해둘 필요가 있다. 알파 세대는 아날로그 감수성이라고는 1도 없고, 태어나면서부터 스마트 기기를 접한 뼛속까지 디지털 세대라고 할 수 있다. Z세대가 오프라인에 슬쩍 담가뒀던 발을 알파 세대에 와서는 뗐다고나 할까. 이민자 가정에서 태어나 모국어 대신 영어를 유창하게 구사하는 그런 차이 말이다. 밀레니얼 세대가 '디지털 네이티브'로 불렸던 첫 세대이기는 하지만, 정말 오리지널은 알파 세대다.

알파 세대의 부모인 밀레니얼 세대는 그들 부모의 남다른 교육열에 자유를 빼앗겼던 첫 세대 아닌가. 이런 연유로 알파 세대를 키우는 밀레니얼 세대 부모의 양육 방식은 선배 세대의 그것과 결이 다르다. 그들은 '인공위성 맘'이라고도 불린다. 알파 세대 자녀에게 쏟는 애정은 '적절한 자유 가운데 관심' 정도로 함축할 수 있다. 머지않아 알파 세대는 그들만의 유전자로 직장에서도 자신의 존재를 알릴 것이다. Z세대의 끝을 붙잡고 알파 세대가 몰려오고 있다.

부록: 신조어[64]

ㄱ '가다'라는 고고GoGo의 초성 줄임말로 게임에서 고고빨리 시작해 하라고 할 때 쓰임

ㄱㄷ '기다려'의 초성 줄임말

ㄱㅂㅈㄱ '가보자고'라는 의미의 초성 줄임말. 새로운 시작을 다짐하는 외침

ㄱㅇㄷ '많이'라는 뜻의 접두사 '개'와 '이득'이 합쳐져서 '아주 큰 이득', '아주 크게 이득을 보았다'라는 의미인 '개이득'의 초성 줄임말

ㄱㄲㅇㄷ '개꿀이득'의 초성 줄임말로 '개이득큰 이득, 행운'을 통해 알려진 단어로 많이 쓰이며 '개', '꿀'은 '핵'처럼 강조할 때 쓰는 접두어

ㄴㄴ '아니다'라는 의미인 '노노No No'의 초성 줄임말

ㄷㅇㄱ '담아가요'의 초성 줄임말

ㅂㅂ '바이 바이Bye Bye'의 초성 줄임말

ㅂㅂㅂㄱ '반박 불가'의 초성 줄임말

ㅇㄱㄹㅇ '이거 진짜야'라는 뜻을 가진 '이거 레알'의 초성 줄임말

ㅇㅈ '인정'의 초성 줄임말

ㅈㄱㄴ '제목이 곧 내용'이라는 뜻의 '제곧내'의 초성 줄임말

ㅈㅂㅈㅇ '정보 좀요'의 초성 줄임말

ㅌㅌ '도망쳐'라는 의미의 '텨텨'의 초성 줄임말

#G '시아버지'의 줄임말로 시아버지를 빠르게 발음하면 샵지 '#Sharp + 지G'로 소리가 남. 시압쥐, 시압지 등으로 표현함

가심비 가격 대비 마음의 만족도

가싶남 '가지고 싶은 남자'의 줄임말

~각 ~할 것 같다, ~하기 적당하다, ~하고 싶다 등 높은 확률의 예견, 예상이나 소망 등을 나타낼 때 사용. 예) (소변이 너무 마렵다고 하면) 아 화장실각이다.

갈비 '갈수록 비호감'의 줄임말

갑분싸 '갑자기 분위기 싸해진다'의 줄임말. 특정 상황에서 갑자기 분위기가 싸늘해지는 상황을 표현함

갑통알 '갑자기 통장을 보니 알바아르바이트를 해야겠다'의 줄임말

갓띵작 '갓God이 만든 명작'의 줄임말. '명'자가 '띵'자로 사용. 예) 새 앨범은 갓띵작이다.

갓생/갓생러 신을 뜻하는 '갓God'과 인생을 뜻하는 '생生'의 합성어. 부지런하고 타의 모범이 되는 삶을 의미. 인터넷 세상에서 벗어나 현실 인생에 몰두하는 것. 갓생으로 사는 사람을 갓생러라고 함. 예) 내일부터 갓생 산다, 당분간 덕질 접고 갓생 살고 온다.

갓수 신을 뜻하는 '갓God'과 백수의 '수'의 합성어로 일이 없는 백수이지만 풍요로운 사람을 의미

개룡남 '개천에서 용 난 남자'의 줄임말

개펀리펀 '개 Fun'과 'Re Fun'의 줄임말. '정말개 재밌고, 다시 봐도 재미있다'라는 의미

건어물녀 '연애를 포기한 여자'를 의미

고나리자 '관리자'를 잘못 입력오타한 것을 의미

고나리 '관리자의 잔소리'를 비꼬는 말

고답이 '고구마를 먹은 듯 답답한 사람'을 의미

고렴이/저렴이 고렴이는 고가의 비싼 제품을 의미. 반대말은 '저렴이'로 저렴하면서 가성비가 좋은 제품을 의미

관종 '관심종자', '관심 종결자'의 줄임말로 관심받고 싶어 하는 사람을 의미. '관종짓'은 관심을 받으려고 하는 사람이 하는 행동을 의미

괄도네넴띤 '팔도비빔면'을 의미

광탈 빛의 속도로 탈락한다는 뜻의 '광속 탈락'의 줄임말. 예) 나 어제 서류면접에서 광탈했어.

구취 입 냄새가 아니라 '구독 취소'의 줄임말

국룰 '국민 룰', 즉 보편적으로 통용되는 정해진 규칙을 의미

국뽕 '국가'와 '히로뽕'의 합성어로 국수주의, 민족주의가 심하며 타민족에 배타적이고 자국만이 최고라고 여기는 행위나 사람을 의미

군싹 '군침이 싹 돈다'의 줄임말

궁물 '궁금하면 물어보세요'의 줄임말

극혐 '극도로 혐오한다'의 줄임말

글설리 '글쓴이를 설레게 하는 리플'의 줄임말

~깡 '~을 까다'를 의미. 포장된 앨범이나 굿즈를 개방할 때 쓰는 표현

꾸안꾸 '꾸민 듯 안 꾸민 듯'의 줄임말

꾸꾸꾸 '꾸며도 꾸질꾸질'의 줄임말

꿀잼 '매우 재미있다'라는 의미로 '강조'하는 꿀과 '재미'를 의미하는 잼의 줄임말

꿀빨다 군대에서 흔히 쓰는 말로 '편히 쉬고 있다'라는 뜻. 예) 오늘 첨 알바 갔는데 꿀빨다 왔다.

낄끼빠빠 '낄 때 끼고 빠질 때 빠져'의 줄임말

나심비 '나'와 '심리', 그리고 '가성비'의 합성어. '나의 심리적인 가성비는 좋다'는 의미. 가격과 성능을 비교한 기존의 소비 형태가 아닌 내가 만족할 수 있다면 지갑을 여는 것을 망설이지 않는 소비 심리

난죽택 '난 죽음을 택하겠다'의 줄임말. 이것도 저것도 선택하기 난처할 때 사용

난희골혜 '나니고레'의 줄임말로 '이게 뭐야?'라는 의미

남사친/여사친 연인이 아닌 '남자(여자) 사람 친구'

남아공 '남아서 공부시킨다'의 줄임말. 기초학력 미달 학생들이 정규교과 시간이 끝난 후 남아서 공부하는 것을 의미

낫닝겐 'Not + 닝겐사람'의 합성어로 사람이 아니라는 뜻. 자세히 풀이하면 능력이나 외모 등에서 사람이 아닌 것처럼 뛰어난 사람을 이르는 말

내또출 '내일 또 출근한다'의 줄임말

너또다 '너 또 다이어트하니?'의 줄임말. 다이어트를 매번 결심하지만, 성과가 미흡한 사람을 의미

네카라쿠배당토 높은 연봉, 좋은 복지로 취업 준비생에게 인기가 많은 네이버·카카오·라인플러스·쿠팡·배달의민족·당근마켓·토스의 앞 글자를 따서 줄여 만든 표현. 뒤에 직방, 야놀자의 앞 글자를 더하여 '네카라쿠배당토직야'라고 하기도 함

노오력 젊은 세대들은 '노력'에 '오'자를 붙여서 사회 구조적 모순으로 노력보다 더 큰 노오력을 해도 안 된다는 뜻의 풍자적인 말

뇌절 과한 행동이나 불필요하게 오버하는 행동을 의미. 집착에 가까운 반복적인 말을 뜻함. 보통 똑같은 말 또는 행동을 반복해 상대방을 질리게 하는 것을 부정적으로 지칭. 예) 1절, 2절을 넘어서 뇌절한다. 1절, 2절, 3절, 명절에 큰절, 뇌절까지 하겠다.

누물보 '누구 물어보신 분'의 줄임말. 게시글 작성자에게 그 글이 쓸모없음을 주지시키는 댓글. 초성 줄임말인 'ㄴㅁㅂ'으로도 쓰임

눈팅 인터넷 게시물에서 글쓰기, 리플 달기 등을 하지 않고 다른 사람들이 써 놓은 글만 읽는 것, 눈으로만 보고 게임은 안 한다는 의미

다꾸 '다이어리 꾸미기'의 줄임말

닥눈삼 '닥치고 눈팅 삼개월'의 줄임말. 인터넷상에서 어떤 게시판을 처음 이용하는 사람이 해당 게시판의 문화에 적응할 때까지 글을 쓰지 않고 다른 사람의 글을 지켜보기만 한다는 뜻

답정너 '답은 정해져 있고 너는 대답만 하면 된다'라는 의미의 줄임말

당모치 '당연히 모든 치킨은 옳다'의 줄임말

당치땡 '당신은 지금 치킨이 땡긴다'의 줄임말

댕댕이 '멍멍이'를 뜻함. 글자 모양이 비슷하다는 점을 이용해 재미있게 적은 것

덕질/덕력 덕후(오타쿠)로서 하는 행동, 덕질하는 능력을 덕력이라고 함

덕페이스 'Duck오리'과 'Face얼굴'의 합성어. 셀카를 찍을 때 오리처럼 입술을 내미는 표정

덕후 일본어인 오타쿠御宅를 한국식 발음으로 바꿔 부른 말인 '오덕후'의 줄임말로 뜻은 오타쿠와 동일. 오타쿠는 1970년대 일본에서 등장한 신조어로 원래 집이나 댁당신의 높임말이라는 뜻이지만, 집 안에만 틀어박혀서 취미 생활을 하는 사회성 부족한 사람이라는 의미로 사용. 어떤 분야에 몰두해 마니아 이상의 열정이 있고 흥미를 느끼는 사람이라는 긍정적인 의미로도 쓰임

돈미새/자낳괴 '돈에 미친 새끼'의 줄임말. 자낳괴보다는 약간 과격한 표현. 자낳괴는 '자본주의가 낳은 괴물'을 의미

돌밥돌밥 '돌아서다'와 '밥'의 합성어. '돌아서면 밥 돌아서면 밥'을 의미하며, 재택근무와 원격 수업 등으로 삼시 세 끼를 꼬박꼬박 챙겨야 하는 상황. 예) 삼시 세 끼 돌밥돌밥에 지친 이들이 늘어나면서 반찬가게 매출이 증가했다.

딘치족 저녁인 '디너Dinner'와 점심인 '런치Lunch'의 합성어로, 점심 겸 저녁을 의미

레제 '레이저 제모'의 줄임말

레게노 LEGEND의 D를 O로 보고 LEGENO로 읽은 것으로 레전드, 즉 전설을 의미

롬곡 '폭풍눈물'을 거꾸로 뒤집어 표현한 '롬곡옭눞'의 '롬곡'만 따로 사용

리즈시절 특정인의 전성기나 황금기 시절을 뜻하는 표현

마기꾼 '마스크'와 '사기꾼'의 합성어. 마스크를 벗었을 때의 모습이 착용했을 때와 상상한 얼굴이나 상태와 매우 다를 때 사용

마상 '마음의 상처'의 줄임말

마싸 '마이 싸이더My Sider'의 줄임말. 유행이나 남의 말에 좌우되지 않고 나만의 기준으로 삶을 사는 사람을 의미

만반잘부 '만나서 반가워 잘 부탁해'의 줄임말. 오프라인보다는 온라인에서 첫 인사로 사용

많관부 '많은 관심 부탁드립니다'의 줄임말. 새로운 작품으로 복귀하는 연예인이나 홍보 목적을 위해 인플루언서와 크리에이터 등이 사용

말넘심 '말이 너무 심함'의 줄임말

머글 소설 '해리포터' 시리즈에서 나왔으며, 마법사가 아닌 마법을 못 쓰는 사람들의 총칭. 혹은 덕후들 사이에서 덕후가 아닌 사람을 칭하는 말

머박 '대박'을 의미. 비슷한 표현으로 머한민국대한민국, 머구대구, 머통령대통령

머선129 '무슨 일이야'를 방언으로 발음한 '머선 일이고'를 비슷한 발음의 숫자를 넣어 '머선129'로 표현

메신저 감옥 스마트 기기가 확산되면서 언제 어디서나 업무 연락이 가능해지자 '메신저'에서 벗어나지 못해 '감옥'같다는 의미. 메신저로 인해 사무실을 벗어나도 상사와 업무에서 벗어나지 못하는 상황을 의미

몰링족 복합 쇼핑몰과 같은 곳에서 쇼핑, 놀이, 공연, 교육, 외식 등의 여가 활동을 한꺼번에 즐기는 소비 계층을 일컫는 말

무물 '무엇이든 물어보세요'의 줄임말

무야호 신난다, 기분 좋다는 의미. 무한도전에서 알래스카 특집에서 나온 할아버지분이 무한도전을 외친다는 게 무야호로 외치셔서 만들어진 단어

문송하다 '문과라서 죄송하다'의 줄임말

문찐 '문화 전따'의 줄임말로 문화에 뒤떨어진 사람을 의미

반모/존모 '반말 모드Mode'의 줄임말. 반모자는 서로 반말하는 친한 사람 또는 친한 사이를 일컬으며, 반모방은 '반말 써도 되는 방'을 의미. 반대는 '존댓말 모드'의 존모

발컨 '발로 하는 컨트롤Control'의 줄임말. 게임 실력이 부족하거나 컨트롤을 잘 하지 못하는 경우 또는 그런 사람을 비하하는 말

방방봐 '방송을 방송으로 봐'의 줄임말. 예) 제발 방방봐. 그냥 드라마잖아.

번달번줌 '번호 달라고 하면 번호 줄래?'의 줄임말

법블레스유 한자어 '법'과 '축복한다'를 뜻하는 '블레스Bless'의 합성어. '법이 너를 살렸다', '너는 법의 은총 덕분에 살았다' 등으로 해석

별다줄 '별걸 다 줄인다'의 줄임말

보배 '보조 배터리'의 줄임말

복세편살 '복잡한 세상 편하게 살자'의 줄임말

비담 '비주얼 담당'의 줄임말로 해당 무리에서 가장 잘 생기거나 예쁜 사람을 의미. 예) 방탄은 뷔가 비담이지.

빛삭 '빛의 속도로 삭제'의 줄임말

빠태 '빠른 태세 전환'의 줄임말

빼박캔트 '빼도 박도 못한다Can't'를 의미

뻐카충/교카충 '버스교통카드 충전'의 줄임말

뽀시래기 '부스러기'의 사투리로 새끼 고양이나 강아지 등 부스러기처럼 작고 귀여운 존재사람를 일컫는 말

사바사 '사람 by 사람'의 줄임말로 '사람마다 다르다'라는 의미

사축 '회사의 사육하는 가축동물'의 줄임말로 '직장인'을 의미

산스장 '산'과 '헬스장'의 합성어. 사회적 거리 두기로 인해 실내 체육 시설의 출입이 어려워지자 산에 있는 운동 시설을 이용하는 이들이 늘어나면서 등장한 표현. 공원과 헬스장을 합한 '공스장'도 있음

삼귀다 아직 사귀는 사이는 아니지만 서로 친하게 지낸다는 의미. '사귀다'의 '사'를 숫자 '4'로 바꾸고 여기에 미치지 못한다는 뜻의 '사4'를 '삼3'으로 바꾸어 표현

상플 '상상 플레이'의 줄임말. 발생하지 않을 일을 자유롭게 상상하는 것을 의미. 터무니없는 망상을 뜻하기도 함

샐러던트 샐러리맨Salaried Man과 학생을 의미하는 스튜던트Student의 합성어. '공부하는 직장인'을 일컬음

서동요 기법 선화 공주와 소문을 내서 결혼에 성공한 서동처럼 기대하는 일을 이미 벌어진 듯 소문내서 이루어진 것처럼 쓰거나 말하는 것. 예) 서동요 기법으로 내일부터 갓생 산다.

세젤예 '세상에서 제일 예쁘다'의 줄임말

설참 '설명 참고'의 줄임말. 게시글에 올라온 동영상과 제목 등에서 차마 설명을 다 하지 못했을 경우에 텍스트로 추가 설명을 써 놓았다는 것을 안내할 때 쓰이는 말

성덕 '성공한 덕후'의 줄임말

셤니 '시어머니'의 줄임말로 '시모', '셤마'로도 쓰임

소식좌 '소식의 일인자'를 의미. 단발좌, 먹방좌처럼 그 분야의 최고를 뜻하는 '좌'를 붙임

솔까말 '솔직히 까놓고 말해서'의 줄임말

쉼포족 쉼休식을 포기할 정도로 바쁘고 고달픈 직장인을 의미함

쉽살재빙 '쉽게만 살면 재미없어 빙고'의 줄임말. 고난이나 어려움이 왔을 때 하는 위로의 말

순삭 '순간 삭제' 또는 '순식간에 삭제'의 줄임말. 게임에서 손쓸 새 없이 캐릭터가 빠르게 죽을 때 쓰던 말에서 유래함

스라밸 'Study and Life Balance'의 줄임말. 공부와 삶 사이의 균형을 의미

스몸비 '스마트폰Smart Phone'과 '좀비Zombie'의 합성어. 스마트폰을 보며 길을 걷는 사람을 의미

스불재 '스스로 불러온 재앙'의 줄임말. 자업자득을 의미

스펜데믹Spendemic '소비한다'라는 뜻의 'Spend'와 '세계적 대유행'이라는 뜻의 'Pendemic'의 합성어. 코로나 시대에 식비나 인테리어 등에 돈을 쓰는 과소비 현상을 일컫는 표현

슬세권 '슬리퍼'와 '세권'의 합성어로 슬리퍼와 같은 편한 복장으로 각종 여가·편

의 시설을 이용할 수 있는 주거 권역을 의미. 공원Park을 옆에 둔 팍세권, 숲이 가까운 숲세권, 대형 마트나 복합 쇼핑몰이 가까운 몰세권, 스타벅스가 가까운 스세권, 은행이나 행정 기관이 가까운 행세권, 다이소가 가까운 다세권, 학교가 가까운 학세권, 인기 지역 바로 옆에 있는 옆세권, 처음에는 욕을 먹었으나 나중에는 인근 지역에서 가장 선호하는 단지가 된다는 욕세권, '맥도날드'와 '역세권'의 합성어로 맥도날드의 배달이 가능한 맥세권, 새벽 배송이 가능한 쿠세권, 쓱세권, 컬세권 등이 있음. 지하철역이 가까운 권역을 의미하는 역세권에서 파생한 단어임

시강 '시선 강탈'의 줄임말

시조새파킹 '시조새가 날아다니던 때만큼 오래된 이야기'라는 의미

식집사 '식물'과 '집사'의 합성어. 반려 식물을 키우며 기쁨을 찾는 사람들을 의미

실어증 '일하기 싫어하는 증상'의 줄임말

심남 '관심이 가는 남자'의 줄임말

십덕 덕후의 일본어 표현인 오타쿠 중 심한 오타쿠를 의미함. '오타쿠 중의 오타구', 즉 5오타쿠+5오타쿠=10십덕

쌉가능 '완전히, 정말, 매우'를 뜻하는 '쌉'과 '가능하다'의 가능이 합쳐진 말로 '무조건 가능하다'는 의미. 영어로 '가능한'이라는 뜻을 가진 'Possible파써블'을 붙여 '쌉파써블'이라고도 함

아싸/인싸/핵인싸/그럴싸 아싸는 아웃싸이더Outsider의 줄임말로 무리에 잘 섞이지 못하는 사람을 의미. 자발적 아싸는 사람들과 어울리는 것을 싫어하여 자발적으로 인간관계를 최소화하는 사람을 의미. 인싸는 인싸이더Insider의 줄임말로 무리에 잘 섞여 노는 사람을 의미. 핵인싸는 아주 커다랗다는 뜻의 '핵'을 붙여 무리 속에서 아주 잘 지내는 중심인물 내지는 주도자를 의미. 개인싸, 인싸템, 인싸력 등이 파생함. 인싸와 아싸 중간에 그럴싸하게 속해 있는 사람을 '그럴싸'라고 일컬음

아아 '아이스 아메리카노'의 줄임말. 따뜻한 아메리카노는 '따아'

알잘딱깔센 '알아서 잘 딱 깔끔하고 센스 있게'의 줄임말. '알잘딱'이라고도 함

애빼시 '애교 빼면 시체'의 줄임말

앱등이 '애플'과 '꼽등이'의 합성어. 애플 제품을 사용하면서 크게 감명받아 애플

의 추종자 내지는 맹신자로 변하여 애플이 황당할 정도로 긍정적인 댓글을 다는 사람

어그로 온라인 게임에서 사용. 아군 한 명이 적들 앞에서 관심을 끌어 유인하는 것에서 유래함. '어그로 끈다'라고 많이 사용. '어그로 글'은 모든 사람이 관심을 두고 보는 글을 의미

어덕행덕 '어차피 덕질할 거 행복하게 덕질하자'의 줄임말

어쩔티비 '어쩌라고 가서 티비TV나 봐'의 줄임말. 흔히 '저쩔티비'와 함께 사용

억텐/찐텐/억까 억텐은 '억지 텐션'의 줄임말로, 실제로 느끼는 기분과 다르게 억지로 텐션을 끌어올리려는 행동을 의미. 찐텐은 진실을 말하는 '진짜'와 긴장 상태를 뜻하는 '텐션Tension'의 합성어로 억지 행동이 아닌 진짜로 기분이 좋거나 신이 날 경우 사용. 억까는 억지로 디스깐다하는 의미. 예) 억텐하지마. 억까하지마.

엄근진 '엄격, 근엄, 진지'의 합성어로 표정의 변화가 없고 냉정함을 유지하는 표정을 의미

얼죽아 '얼어 죽어도 아이스아메리카노'의 줄임말. 유사한 단어로 '뜨거워 죽어도 따뜻한 음료'라는 의미의 '뜨죽따', '쪄 죽어도 따뜻한 음료'라는 의미의 '쪄죽따', '얼어 죽어도 (롱코트 아닌) 코트'라는 의미의 '얼죽코' 등이 있음

에어노마드족 '에어Air'와 '노마드Nomad, 유목민'의 합성어. 미세먼지를 피해 좋은 공기를 찾아 다니는 공기 유목민을 의미

엘롯기 한국프로야구에서 인기 있는 구단인 엘지LG와 롯데, 기아KIA의 앞 글자를 부르는 단어. 파생어로 엘넥한, 엘롯한이 있음

연서복 '연애가 서투른 복학생'의 줄임말. 예) 너 연서복 사귀어봤어?

열폭 '열등감 폭발'의 줄임말

영고 '영원히 고통받는다'의 줄임말로 한 가지 일이 지속해서 언급될 때 쓰는 말. 예) 혜리 저 사진 자꾸 나오네. 영고혜리.

예지앞사 '예나 지금이나 앞으로도 사랑해'의 줄임말

오다망 '오늘 다이어트 망했다'의 줄임말

오운완 '오늘 운동 완료'의 줄임말

오저치고 '오늘 저녁 치킨 고go?'의 줄임말

오저씨 오빠와 아저씨의 중간 사람을 의미

올인빌 '올 인 빌리지All in Village'의 줄임말. 집과 근처 동네에서 모든 걸 해결한다는 의미

와리가리 '왔다리 갔다리'의 줄임말로 왔다 갔다 한다는 의미. 고전 게임 '파이널 파이트'의 일종의 버그로 적을 향해 주먹을 2번 날리고, 뒤로 돌아 주먹을 1번 날리는 것을 반복하며, 적의 반격을 받지 않고 적을 쓰러뜨리는 기술을 의미

와우내 놀라움을 나타내는 감탄사인 'Wow와우'에서 파생된 말로 놀라운 감정을 귀엽게 표현한 것. 그룹 GOD 멤버 박준형이 인스타그램에서 쓰는 말투에서 비롯됨

완내스 '완전 내 스타일'의 줄임말. 예) 여기 커피 완내스.

웃안웃 '웃기는데 안 웃겨'의 줄임말. 웃기지만 슬픈 상황을 의미. '웃기는데 슬프다'의 줄임말인 '웃프다'와 비슷한 말

워케이션 일을 뜻하는 'Work'와 휴가를 뜻하는 'Vacation'의 합성어로 일하면서 휴가를 동시에 즐기는 근무 형태를 의미

이생망 '이번 생은 망했다'라는 부정적이고 자조적인 뜻의 줄임말

인구론 '인문대 졸업생의 구십 퍼센트(90%)는 논다'의 줄임말

일며들다 '일이 내 삶에 스며들었다'의 줄임말. 일이 24시간 직장인의 곁을 떠나지 않는 현실을 반영한 표현. 업무 후에도 업무 생각과 걱정도 일종의 일며드는 현상

일생가? '일상생활 가능하세요?'의 줄임말. 한 분야에 심취한 매니아나 이상한 사람에게 묻는 말로 비꼬는 투로 쓰임

일코노미 '일인1人'과 경제를 뜻하는 '이코노미Economy'의 합성어. 혼자서 경제생활을 꾸려 나가는 1인 경제, 나홀로 경제를 의미

임구 '이미 구독함'의 줄임말. 예) 너 구독했니? 나는 임구지.

임포 게임 '어몽어스'에서 나온 말로 사기꾼, 스파이, 배신자를 뜻하는 영어 'Imposter'의 줄임말

입덕 들 '입入'과 덕후의 '덕'을 합쳐서 어떤 사람이나 물건 등을 좋아하기 시작한 것을 의미함. 즉 '덕후에 입문하다'는 뜻으로 열성 팬이 된다는 뜻. 반대는 '탈덕'

자강두천 '자존심 강한 두 천재의 대결'의 줄임말. 두 사람의 수준이 비슷해 우열을 가리기 어려운 상황을 의미

자만추 '자연스러운 만남을 추구한다'의 줄임말. '자장면에 만두 추가'를 의미하기도 함

재미뿌 '재미를 부뿌셨다'라는 뜻의 줄임말. 재미가 없는 상황을 의미. '재미없음'을 뜻하는 '노잼'과 비슷한 의미

재질 느낌, 부류를 의미. 예) 이번 노래 재질느낌 좋아.

점메추해 '점심 메뉴 추천해 줘'의 줄임말. 비슷한 말로 저메추해는 '저녁 메뉴 추천해 줘'를 의미

제당슈만 '제가 당신을 슈퍼스타로 만들어 드리겠습니다'의 줄임말

졌잘사 '졌지만 잘 싸웠다'의 줄임말. 졌음에도 최선을 다한 경우에 사용

좋댓구알 '좋아요, 댓글, 구독, 알림 설정'의 줄임말. 유튜브 크리에이터들이 자주 사용

좋못사 '좋아하다 못해 사랑해'의 줄임말. 무언가를 아주 좋아하는 마음을 표현

주불 '주소 불러'의 줄임말. 상대방의 주소를 물어볼 때 사용

지붕킥 음원 서비스에서 실시간 이용량 1위를 하는 음악을 일컫는 말로 '최정상'이라는 의미

지여인 지방대 출신 여자 인문대생을 의미

지인지조 '지 인생 지가 조진다'라는 의미

진지충 진지하다는 뜻의 '진지'와 벌레를 의미하는 '충蟲'의 합성어로 지나치게 진지한 사람을 표현. 진상 노인을 뜻하는 '노인충', 별로 궁금하지도 않고 알고 싶지도 않은 내용을 장황하게 설명하는 '설명충', 억지로 출근하는 '출근충', 공공장소에서 아이들이 뛰어다니거나 우는 것을 내버려 두는 등 이기적이고 타인에게 불편을 주는 엄마Mom를 '맘충'이라고 함

집관 '집'과 '관람'의 합성어. 집에서 스포츠 경기를 관람한다는 의미. 경기장에서 직접 관람하는 것은 '직관'이라고 함

짬바 '짬에서 나오는 바이브Vibe'의 줄임말. 오랜 경력이나 경험이란 의미의 '짬'과 분위기나 느낌을 뜻하는 '바이브'의 합성어. '베테랑에게서 느껴지는 분위기'를 말함. 경력이 오래된 사람들이 멋진 행동을 할 때 흔히 '짬바가 있다'라고 표현함

쫌쫌따리 게시판에서 뼈 닭발에 붙어 있는 적은 양의 살을 표현할 때 나온 말로 '조금씩, 작다'를 의미. 예) 쫌쫌따리한 내 주식 수익.

쫑받네 화가 나는 것을 넘어서 참기 어려울 정도로 화가 나거나 화나면서도 웃긴 순간에 쓰는 표현

최애 '최고로 애정한다'라는 뜻의 한자 '최애最愛'로 '가장 아끼고 좋아하는 대상'을 의미

취존 '취향 존중'의 줄임말

캘박 '캘린더에 박제한다'의 줄임말. 주로 친구나 지인 간의 일정을 잡을 때 '캘박한다'라는 용어를 사용. 스마트폰 내 캘린더 앱에 일정을 저장하여 약속 시간을 기록해 두는 것을 의미

커엽 '귀엽다'는 뜻으로 '귀'와 비슷한 모양의 '커'를 사용

케바케 그때그때 사례별로 다르다는 의미의 '케이스 바이 케이스Case by Case'의 줄임말

코로노미 '코로나19'와 '경제적 충격Economy Shock'의 합성어로 코로나로 인한 소비 위축과 생활고를 일컫는 표현

코로니얼Coronials '코로나19'와 '밀레니얼'의 합성어. 코로나 시대에 태어난 세대를 의미

크크루삥뽕 아무런 의미도 가지고 있지 않고 상대방을 약 올리거나 화나게 하는 의도로 쓰임

킹받다/KG받다/킹받드라슈 '열받는다'를 강조하는 킹을 붙여 진짜 열받는다는 의미. 'KG받네'라고도 하며 '킹받드라슈'로까지 변형

킹아 '킹King'과 '좋아'의 합성어. '정말 좋아'를 의미

탈덕 벗을 '탈脫'과 덕후의 '덕'의 합성어. 어떤 사람이나 물건 등을 싫어하기 시작해서 팬에서 탈퇴하는 것을 의미. 반대는 입덕

턱스크 마스크를 제대로 쓰지 않고 턱에 걸치고 쓴 모습을 이르는 표현. 마스크로 코만 가린 상태는 코스크, 입만 가린 상태는 입스크

톡디 '톡 아이디Talk ID'의 줄임말. 메신저 아이디를 의미

톤그로 색을 뜻하는 'Tone'과 문제를 뜻하는 'Aggro'의 합성어로 자신과 어울리지 않는 화장품을 사용해서 어색하다는 의미

퇴준생 '퇴사 준비생'의 줄임말. 현재 직장을 다니고 있는 직장인 중에서 근무 시간이나 연봉 수준이 더 나은 회사로 이직하려고 퇴사를 준비하는 사람들을 말함

파덜어택 '아버지Father'에게 '공격Attack'을 당했다는 의미의 합성어로 게임 도중 아버지가 들이닥쳐서 혼이 나는 것을 의미

파파괴/파파미 파파괴는 '파도 파도 괴담', 파파미는 '파도 파도 미담'을 의미

패완얼 '패션의 완성은 얼굴'의 줄임말

팬아저 '팬은 아니지만 인상적이어서 (사진 등을) 저장한다'의 줄임말

팻팸족 '반려동물Pet'과 '가족Family'의 합성어로 반려동물을 가족처럼 여기는 사람들을 이르는 말

폴꾸/신꾸/폰꾸 '폴라로이드'와 '꾸미다'의 합성어. 직접 폴라로이드 카메라로 촬영하여 인화하거나, 폴라로이드 모양으로 사진을 출력해 주는 업체에 주문하여 꾸미는 것. 일반 사진과는 다르게 폴라로이드 사방에 있는 여백을 활용하여 다양한 스티커를 붙임. 신발을 꾸미는 신꾸, 폰을 꾸미는 폰꾸, 다이어리를 꾸미는 다꾸 등 다양한 파생어가 있음

푸라면 '신라면'을 뜻하며, 한자 매울 '신辛'자가 '푸'자와 유사해서 생긴 단어

풉킥풉킥 비웃음 소리를 의미. 예) 응 너 정말 잘했어. 풉킥풉킥.

핑프 '핑거 프린스프린세스'의 줄임말로 최소한의 검색도 안 하고 물어보는 사람을 의미

할많하않 '할 말은 많지만 하지 않겠다'의 줄임말

핵잼 '매우 재미있다'라는 의미

현타 '욕구 충족 이후에 밀려오는 무념무상의 시간'을 뜻하며, '현자타임', '현실 자각타임' 등의 줄임말

호모 인턴스 '호모Homo'와 '인턴Intern'의 합성어로 정직원이 되지 못하고 이 회사 저 회사 떠돌아다니며 인턴 생활만 반복하는 사람을 일컬음

혼코노 '혼자서 코인 노래방을 가다'의 줄임말

혼틈 '혼란을 틈타'의 줄임말

홀로 '욜로YOLO'와 '나 홀로'의 합성어로 1인 중심의 소비와 현재의 행복을 우선시한다는 의미. 욜로YOLO는 '인생은 한 번뿐이다'를 뜻하는 You Only Live Once의 앞 글자를 딴 용어로 현재 자기 행복을 가장 중시하며 소비하는 태도를 의미

휘소가치 '휘발적'과 '희소가치'의 합성어로 다른 사람에게는 휘발적이고 무의미한 소비처럼 보이지만, 자신을 만족시키는 것에는 아낌없이 투자하는 비용을 의미

힘숨찐 오타구나 찐따들을 놀리기 위해서 사용되었지만, 지금은 찐따가 아니면서 힘을 숨기고 반전이 있는 사람을 의미. 자신의 정체를 숨기고 모르는 척 약한 척하는 경우에 사용

H워얼V '사랑해'라는 말을 위아래로 뒤집으면 'H워얼V'라고 보이는 것에서 유래. '사랑해!'라고 말하기 낯간지러울 때 돌려 말하는 표현

IdH '배'라는 뜻, 영어 'IdH'가 한글 '배'처럼 보임

JMT/JMTGR '존맛탱'의 영어 줄임말. 속된 말로 '존나정말 맛있다'라는 표현에서 유래했으며, '탱'은 강조의 의미. '존맛탱구리'라는 단어를 영어식으로 축약한 말

Latte is Horse '나 때는 말이야'의 '나 때'와 비슷한 영어 발음인 '라떼', '는'의 영어 표현 'is', '말'의 영어 단어 'horse'를 조합한 것

RtA '너구리'라는 의미. 라면 브랜드 '너구리'를 거꾸로 뒤짚어보면 영어 'RtA'처럼 보임

TMI '너무 과한 정보Too Much Information'의 줄임말로 의도치 않게 타인의 정보를 너무 많이 알게 되었거나 사소한 것까지 알게 되었을 때 사용

TMT 'Too Much Talker'의 줄임말로 '말이 많은 사람'을 의미

whyrano '왜 이러니'의 사투리를 영어로 표현

700 '귀여워'라는 뜻의 'ㄱㅇㅇ'와 닮은꼴의 숫자

참고도서

게리 채프먼, 《5가지 사랑의 언어》, 생명의말씀사, 2010

게리 채프먼, 폴 화이트 《5가지 칭찬의 언어》, 생명의말씀사, 2012

게리 켈러, 제이 파파산, 《원씽 THE ONE THING》, 비즈니스북스, 2014

고승연, 《Z세대는 그런 게 아니고》, 스리체어스, 2020

공자, 《논어》, 홍익, 2020

김현정, 《90년생이 사무실에 들어오셨습니다》, 자음과모음, 2020

대니얼 J. 레빈슨, 《남자가 겪는 인생의 사계절》, 이화여자대학교출판문화원, 2003

대학내일20대연구소, 《밀레니얼-Z세대 트렌드 2022》, 위즈덤하우스, 2021

데니스 W. 바케, 《조이 앳 워크》, 얼라이브북스, 2021

론 프리드먼, 《공간의 재발견》, 토네이도, 2015

리처드 니스벳, 《생각의 지도》, 김영사, 2004

매슈 사이드, 《다이버시티 파워》, 위즈덤하우스, 2022

박재홍, 《한국의 세대문제》, 나남, 2005

박준영, 《Z의 스마트폰》, 쌤앤파커스, 2022

브레네 브라운, 《리더의 용기》, 갤리온, 2019

송호근, 《한국, 무슨 일이 일어나고 있나》, 삼성경제연구소, 2003

신재용, 《공정한 보상》, 홍문사, 2021

애덤 그랜트, 《기브 앤 테이크》, 생각연구소, 2013

애덤 스미스, 《국부론》, 비봉출판사, 2007

에드거 H. 샤인, 피터 샤인, 《리더의 질문법》, 심심, 2022

전영수, 《대한민국 인구 트렌드》, 블랙피쉬, 2022

조영태, 《정해진 미래 시장의 기회》, 북스톤, 2018

제니퍼 딜, 알렉 레빈슨, 《밀레니얼 세대가 일터에서 원하는 것》, 박영스토리,

2017

제임스 M. 쿠제스, 베리 Z. 포스너,《리더》, 크레듀, 2008

제프 제롬, 앤지 리드,《최강소비권력 Z세대가 온다》, 홍익출판사, 2018

줄리 리스콧-헤임스,《헬리콥터 부모가 자녀를 망친다》, 두레, 2017

진 트웬지,《#i세대》, 매일경제신문사, 2018

최샛별,《문화사회학으로 바라본 한국의 세대 연대기》, 이화여자대학교출판문화원, 2018

칼릴 지브란,《예언자》, 더클래식, 2020

테레사 에머빌, 스티븐 크레이머,《전진의 법칙》, 정혜, 2013

팀 페리스,《지금 하지 않으면 언제 하겠는가》, 토네이도, 2018

하마오 미노루,《아이를 칭찬하는 법 꾸짖는 법》, 비즈니스세상, 2009

하워드 가드너, 케이티 데이비스,《앱 제너레이션》, 와이즈베리, 2014

한나 L. 우블 외,《더미를 위한 밀레니얼 세대 인사관리》, 시그마북스, 2018

한병철,《피로사회》, 문학과지성사, 2012

허두영,《세대 공존의 기술》, 넥서스BIZ, 2019

허두영,《요즘 것들》, 씽크스마트, 2018

호메로스,《일리아스》, 도서출판숲, 2015

David Stillman, Jonah Stillman,《Gen Z @ Work : How the Next Generation Is Transforming the Workplace》, Harper Business, 2017

주석

1장. 왜 Z세대인가?

1 한국일보, "Z세대 61% 'M·Z세대 묶는 것 부적절'…MZ세대 구분, 출생연도 보다 특성으로", 2022. 3. 6.

2 이데일리, "②81년생 100명에게 물었다…'40대는 중년 아냐'", 2020. 1. 1.

3 박혜숙, "신세대 특성과 라이프 스타일 연구 - Z세대를 중심으로 -", 인문사회 21, 제7권 제6호, p759

4 전영수, 《대한민국 인구 트렌드》 (블랙피쉬, 2022) p35

5 연합뉴스, "베이비부머~Z세대 학생 일상…요즘 애들이 더 힘들어요", 2022. 5. 2.

6 박재홍, 《한국의 세대문제》 (나남, 2005) p62 재구성

7 매일경제, "연봉 부족·워라밸 불만에…MZ세대 짐 싸고 떠난다", 2021. 11. 26.

2장. Z세대를 만든 요인

8 매일경제, "Z세대 5명중 1명 '노력해도 성공 못해' …1990년 '86세대'의 2.5 배", 2022. 4. 28.

9 김수정, "Z세대가 생각하는 '전문가'와 '인플루언서'의 특성에 관한 연구: 인플루언서는 뉴 노멀New Normal 시대의 전문가인가?", 문화와 사회, 통권37호, 2021

10 매일경제, "청소년 75% 동영상 창작자 '크리에이터' 꿈꾼다", 2019. 3. 14.

11 조주연 외, "유튜브 크리에이터 직업 선택 의향: Z세대 직업 가치관을 중심으로", 한국콘텐츠학회, 2021, vol.21, no.3, p752-760

12 하워드 가드너, 케이티 데이비스, 《앱 제너레이션》 (와이즈베리, 2014) p25

13 전자신문, "제페토, 글로벌 100개社·3.2억명 쓴다", 2022. 8. 28.

14 한국경제, "Z세대, 메타버스 많이 할까?", 2022. 4. 27.

15 하마오 미노루, 《아이를 칭찬하는 법 꾸짖는 법》 (비즈니스세상, 2009)

16 줄리 리스콧-헤임스, 《헬리콥터 부모가 자녀를 망친다》 (두레, 2017) p43

17 한나 L. 우블 외, 《더미를 위한 밀레니얼 세대 인사관리》 (시그마북스, 2018) p420

3장. Z세대의 DNA

18 동아일보, "국민소득 3만 달러…우리도 선진국일까요?", 2019. 4. 2.

19 조영태, 《정해진 미래 시장의 기회》 (북스톤, 2018) p49

20 한국경제, "세종대왕이 나와도 보수후보면 안 뽑는다", 2022. 6. 6.

21 국민일보, "청년 체감경제고통지수 2015년 이후 최고", 2021. 11. 15.

22 동아일보, "'디지털 원주민' Z세대 '온라인 대신 오프라인 쇼핑 즐겨요'", 2019. 11. 13.

23 조선일보, "디지털 네이티브 'Z세대'의 반전… 오프라인 매장, 현장강의에 열광한다", 2022. 7. 2.

24 동아일보, "MZ세대 온라인 놀이문화가 낳은 '첵스 파맛'", 2020. 7. 11.

25 한국일보, "Z세대의 스마트폰을 훔쳐봤다 Z세대 앱지도 만든 박준영 크로스 IMC 대표", 2022. 6. 15.

26 박준영, 《Z의 스마트폰》 (쌤앤파커스, 2022) p85

27 매일경제, "Z세대, 게임 덜하고 동영상 콘텐츠 즐긴다", 2019. 9. 18.

28 데일리팝, "코로나 시대 Z세대, 비대면 소통 선호↑..'영상통화=대면 소통'이라고 생각", 2021. 12. 10.

4장. Z세대와 일하는 법

29 연합뉴스, "한국 '다양성 포용도' 밑바닥…조사대상 27개국 중 26위", 2018. 8. 24.

30 매슈 사이드, 《다이버시티 파워》 (위즈덤하우스, 2022) p74, 85 재구성

31 싱글리스트, "'스우파' 허니제이, MZ세대 취준생 꼽은 좋은 리더상 1위", 2021. 10. 21.

32 https://www.wsj.com/articles/SB10001424127887324789504578384360255204892

33 교육부, 2018년 교육기본통계 및 교육통계서비스 참고 재가공

34 동아일보, "MZ세대 10명 중 8명 '불합리한 조직 문화 경험 있다'", 2021. 7. 28.

35 쿠키뉴스, "국민 72.4% '우리나라 꼰대문화 심각'", 2021. 5. 28.

36 머니S, "입사 후회되는 회사 1위, '꼰대' 많은 수직적 조직 회사", 2019. 6. 25.

37 매일경제, "[Industry Review] 조직 문화 세대교체…'기 센 임원도 Z세대 신입 눈치 봅니다'", 2022. 6. 30

38 https://www.mckinsey.com/business-functions/organization/our-insights/the-five-trademarks-of-agile-organizations

39 대한상공회의소, 맥킨지컨설팅, "한국기업문화의 근본적 혁신을 위한 제언", 2018. 5. 15.

40 제임스 M. 쿠제스, 베리 Z. 포스너, 《리더》 (크레듀, 2008) p82~85

41 대학내일20대연구소, 《밀레니얼 Z세대 트렌드 2022》 (위즈덤하우스, 2021) p225

42 열린뉴스통신, "세대별 직장인 '세대차이' 느낄 때는 언제?", 2021. 7. 8.

43 데니스 W. 바케, 《조이 앳 워크》 (얼라이브북스, 2021) p69~70

44 매슈 사이드, 《다이버시티 파워》 (위즈덤하우스, 2022) p138

45 케이앤뉴스, "Z세대 신입 사원' 부족한 점 1위에 '책임감'… 최고 강점은 무엇", 2020. 11. 18.

46 매일경제, "기업 85% 'MZ세대 직원 동기 부여 어려워'", 2021. 9. 23.

47 게리 켈러, 제이 파파산, 《원씽》 (비즈니스북스, 2013) p207~208

48 케이앤뉴스, "밀레니얼 세대 '승진'에 연연하지 않는 이유", 2021. 1. 12.

49 제프 제롬, 앤지 리드, 《최강소비권력 Z세대가 온다》 (홍익출판사, 2018) p51

50 스냅멍크 홈페이지 https://www.snapmunk.com/millennials-hierarchy-needs/

51 헤럴드경제, "연하상사 VS 연상부하, '서로 스트레스 쌓이네'", 2014. 2. 24.

5장. Z세대와 소통하는 법

52 매일경제, "네이버·다음 대신 유튜브…'글보다 영상' Z세대 검색 패러다임 대변혁", 2018. 3. 19.

53 조선일보, "직장인 10명 중 4명은 '자발적 아싸'", 2020. 5. 13

54 제프 제롬, 앤지 리드, 《최강소비권력 Z세대가 온다》 (홍익출판사, 2018) p82

55 딜로이트글로벌, "딜로이트 글로벌 2022 MZ세대 서베이", Deloitte Insights, 2022. 05

56 서울경제, "이걸요? 제가요? 왜요?…MZ '3요'에 임원도 떤다", 2022. 10. 6.

57 론 프리드먼, 《공간의 재발견》 (토네이도, 2015) p38

58 팀 페리스, 《지금 하지 않으면 언제 하겠는가》 (토네이도, 2018) p260~ 261

59 머니투데이, "Z세대 뜻밖의 대답…'업무 대면대화 선호' '퇴근 후 연락 괜찮아'", 2022. 7. 20.

60 중앙일보, "자녀 무상증여 한도 5000만원? 발빠른 부모는 1억4000만원!", 2022. 1. 3.

61 강민정 외, "Z세대가 즐기는 유튜브 채널의 몰입 요인과 특징", 한국콘텐츠학회, 2020, vol.20, no.2, p.150-161

62 김희삼, "사회자본에 대한 교육의 역할과 정책방향", 한국개발원, 2017, p66

63 아시아경제, "칭찬에 목마른 MZ세대, 인정욕구 받아주면 기업에 생기는 일?", 2022. 9. 12.

64 허두영, 《요즘 것들》 (씽크스마트, 2018) p129~135 신조어 재구성, 네이버 사전 참고

이젠 2000년생이다
Z세대와 세련되게 일하고 소통하는 법

1판 1쇄 인쇄 2023년 2월 20일
1판 1쇄 발행 2023년 3월 2일

지은이   허두영
펴낸곳   도서출판 데이비드스톤
출판등록   제2022-0000350호
전화   031-8070-0061
이메일   davidstonebook@gmail.com

ⓒ 허두영, 2023
ISBN 979-11-973457-2-2 03320

값 18,000원

- 이 책은 저작권법에 따라 보호받는 저작물이므로 무단 전재와 복제를 금지하며, 내용의 일부 또는 전부를 이용하려면 저자와 출판사의 서면 동의를 얻어야 합니다.
- 잘못 만들어진 책은 구입처에서 바꿔드립니다.

데이비드스톤(David Stone)은 '다윗의 물맷돌'을 의미하며, 골리앗을 이길 수 있는 비장의 무기가 되는 콘텐츠와 서비스를 제공하고자 하는 의지를 담은 사명입니다.